Sina-Aline Geißler
Mut zur Demut

Sina-Aline Geißler

MUT ZUR DEMUT

Erotische Phantasien von Frauen

Moewig

1. Auflage September 1990
2. Auflage Dezember 1990

Originalausgabe
© 1990 by Verlagsunion Erich Pabel – Arthur Moewig KG, Rastatt
Alle Rechte vorbehalten
Umschlagentwurf und -gestaltung: Meinolf Paul, Berlin
Gesetzt aus der Bembo
bei Utesch Satztechnik GmbH, Hamburg
Druck und Bindung: Ebner Ulm
Printed in Germany 1990
ISBN 3-8118-1152-X

Für Wolfgang

Inhalt

Vorwort

Zu diesem Buch

»Züchtige Frauen«, so bestimmte es ein englisches Sprichwort im 17. Jahrhundert, »haben keine Augen und keine Ohren.«

Das Unzüchtige, sollte das wohl heißen, erkennt die wahrhaft keusche Frau nicht nur nicht an, sie nimmt es nicht einmal wahr: Nicht nur der offenen sexuellen Betätigung, sondern selbst dem Umherschweifen der Blicke, dem ungehemmten Gedankengang, der Phantasie werden von vornherein Grenzen gesetzt.

Jahrhundertelang fanden Frauen ihr Wirkungsfeld eingegrenzt auf einen bestimmten Bereich, die »weibliche Sphäre«. Über diesen Bereich hinaus blieb ihnen nicht nur die Einflußnahme verwehrt – bereits die Wahrnehmung der Wirklichkeit jenseits der ihnen zugebilligten Domäne war ein Tabubruch.

Dies galt insbesondere für die Veröffentlichung von eigenen Gedanken, Vorstellungen, Ideen – auch wenn diese nicht sexueller Natur waren. Veröffentlichen, sich öffentlich machen, sich der Welt aussetzen, den Privatbereich verlassen – lange wurde ein solches Verhalten als männlich-aggressiver Akt betrachtet: Die Offenlegung der weiblichen Gedanken- und Phantasiewelt galt als ebenso ungehörig wie die Entblößung des Körpers.

Vieles hat sich hier in den letzten Jahren und Jahrzehnten geändert, in vielem sind wir, ist die Gesellschaft freier geworden – und vieles ist, wenn auch unter einer Schutzhülle angeblicher Libertinage, fast genau wie früher geblieben.

Das gilt ganz besonders für den Bereich der erotischen Phantasien von Frauen. Erotische Phantasien, schrieb der französische Philosoph Jean-Jacques Rousseau, sind das Feuer des Lebens und der Liebe. Doch es ist anzunehmen, daß er dabei vor allem an die Phantasien der Männer dachte.

Deren erotische Träume sind nämlich längst gesellschaftlich anerkannt, legitimiert von Zeitschriften und Zeitungen, Büchern und Filmen, ja ganzen Industriezweigen, die sich auf die Befriedigung männlicher Phantasien und Bedürfnisse im Bereich Lust und Liebe eingestellt haben – ganz zu schweigen etwa von der Werbung, die ohne Appell an mehr oder weniger stark eingestandene Wunsch- und Traumbilder keinen Rasierapparat mehr verkauft.

Männer tauschen auch, anders als Frauen, beim gemeinsamen Bier am Stammtisch ihre erotischen Phantasien, oftmals getarnt als zweideutige Witze, frei und offen aus. Intellektuell etwas Anspruchsvollere breiten dieselben Phantasien auf dem Papier oder der Leinwand aus – und man spricht von Kunst, die man alsdann bereitwillig der Öffentlichkeit zugänglich macht.

Für Frauen hingegen gilt es noch immer als unzüchtig, erotische Phantasien zu haben – und ganz besonders, sie zuzugeben, öffentlich zu machen. Kein Wunder also, daß die meisten Frauen diese Phantasien verschweigen bzw. verdrängen, daß es ihnen nach wie vor Probleme bereitet, ihre eigenen Wunschvorstellungen, ihre Traum- und Phantasiewelt zu akzeptieren. Schenkel, Schamlippen, Brüste zu haben ist auch für Frauen längst legitim – aber Ohren und Augen, Wahrnehmungen und daraus entwickelte Wunschbilder?

Im Laufe der vergangenen Monate bin ich auf eine große Anzahl von Frauen gestoßen, die von sich aus das Bedürfnis hatten, ihre Phantasien mitzuteilen, sie öffentlich, das heißt anderen Frauen als Identifikations- und Vergleichsangebot zugänglich zu machen.

Der Erfolg meines Buches »Lust an der Unterwerfung« und das Interesse, das die Medien aufgrund dieses Buches meiner Person entgegenbrachten, führten zu einer Flut von Zuschriften und Telefonaten, in denen auch mir bis dato unbekannte Frauen dem Bedürfnis nachgaben, mir ihre Phantasien mitzuteilen. Als dann der Plan zu diesem Buch Gestalt annahm, intensivierte ich meine Nachforschungen, wobei ich mich privater, aber auch meiner publizistischen Kontakte bediente.

Die vorliegende Sammlung erotischer Phantasien von Frauen erhebt nicht den Anspruch, die Objektivität einer sozialwissenschaftlichen Untersuchung zu besitzen. Ich habe vielmehr versucht, typische oder – genauer gesagt – mir typisch erscheinende Aspekte der weiblichen Sexualität, vor allem der sexuellen Phantasiewelt von Frauen, in Kurzgeschichten zu fiktionalisieren.

Auffallend war, daß eine Vielzahl erotischer Phantasiebilder Szenen der Demütigung, der Unterwerfung, ja der Grausamkeit enthielten. Das ist gewiß mitbedingt durch die Tatsache, daß viele Frauen mir auf mein publizistisches Bekenntnis zum Masochismus hin ihre ganz persönlichen Phantasien mitteilten. Doch das Wesentliche scheint mir zu sein, daß dieser Bereich wirklich einen wichtigen – wenn auch stark tabubelegten – Aspekt weiblicher Sexualität darstellt.

Ich habe also versucht, mit Hilfe meiner Augen und Ohren typische, das heißt so oder ähnlich immer wiederkehrende Phantasien auszuwählen und in eine Form zu bringen, die einer Veröffentlichung angemessen ist. Dabei entstanden erotische Kurzgeschichten, die nunmehr über eine relative formale Einheitlichkeit verfügen, ohne jedoch ihre jeweiligen atmosphärischen Eigenheiten eingebüßt zu haben.

In ihrer ursprünglichen Form, so zeigte sich rasch, wären viele der Phantasien für den Leser nicht verständlich – oder aber passagenweise schlicht langweilig – gewesen. Denn viele Details waren nur aus den realen Erfahrungen der jeweiligen Frau verständlich. Hinzu kam, daß manche Geschichten nicht konsistent waren und deshalb für den Außenstehenden nur schwer nachvollziehbar gewesen wären. Ich sah es deshalb als meine Aufgabe an, im Interesse des Lesers das Basismaterial zu in sich geschlossenen Geschichten zu verarbeiten.

Die Frauen, deren Phantasien in diesem Buch gesammelt sind, möchten – mich selbst, die ich auch zwei Geschichten beisteuerte, ausgenommen – anonym bleiben. Da ich mir aber denken kann, daß viele Leserinnen und Leser gern etwas über die persönlichen Lebensumstände dieser Frauen erfahren möchten, habe ich sie im letzten Kapitel kurz porträtiert. Um zusätzlich den Charakter der Phantasien als erotische Kurzgeschichten zu unterstreichen, habe ich den Frauen in den Erzählungen andere Namen gegeben als ihren Schöpferinnen.

Die Bearbeitung und Fiktionalisierung der Phantasien erfolgte einzig unter ästhetischen Aspekten, nicht aber gemäß den Moralkategorien des 17. Jahrhunderts. Unzüchtig erscheinen mir Doppelmoral und Bigotterie – und nicht Schenkel, Brüste, Hüften und ihre Wahrnehmung über Auge und Ohr.

Über erotische Phantasien von Frauen

Wie kaum eine andere Form der geistigen Aktivität erschließen uns Phantasien das Gebiet des Unbekannten in uns selbst, machen verschlossene Bereiche zugänglich, stellen Verbindungen her zwischen dem Individuellen und dem Archetypischen.

Einer der Gründe für die Tabuisierung der erotischen Phantasien ist sicher darin zu suchen, daß oftmals unterstellt wird, man wolle das, was man sich vorstellt, auch tatsächlich in der Wirklichkeit erleben – womit die Beschreibung einer Phantasie dann platterdings als Handlungsanweisung mißverstanden werden muß.

Dabei bieten Phantasien zunächst einmal lediglich einen gefahrlosen Weg, eigene Wünsche, Bedürfnisse, Ideen durchzuspielen und dabei zu erkunden, wie man die Wirklichkeit gestalten könnte. Sie sind der einzige Bereich, in dem dem Menschen grenzenlose Lust und Leidenschaft möglich wird. Nur hier findet er eine Welt jenseits von Moral und Tugend, eine Welt, die weder Schuld noch Schamgefühle kennt.

Eine Vorstellung erregend zu finden heißt noch lange nicht, das Vorgestellte in der Wirklichkeit erleben zu wollen. Im Gegenteil: Die intensivsten erotischen Phantasien leben davon, niemals in der Realität erprobt zu werden, vielleicht gar nicht erprobt werden zu *können*.

Unsere Phantasiewelt neigt zu Extremen. Auch in der Erotik. Wenn eine Frau sich in ihrer Phantasie wünscht, von drei Männern vergewaltigt zu werden, bedeutet das in Wirklichkeit vielleicht nicht mehr, als daß sie von ihrem eigenen Mann leidenschaftlicher, hemmungsloser geliebt werden möchte. Und so mancher Mann, der sich in seiner Traumwelt fünf Gespielinnen auf einmal wünscht, würde in der Realität vor dieser lustvollen Anstrengung davonlaufen.

Wir sehen: Unsere Phantasien sind nicht als Parameter für unsere realen Wünsche zu verstehen. Und das ist gut so. Denn nur so kann die Welt unserer Phantasie ein Bereich bleiben, der frei ist von jeder Zensur und vor allem auch Selbstzensur, eine Welt, in der eben wirklich alles möglich, jeder Wunsch erfüllbar ist.

Die weibliche erotische Phantasie ist also kein Ersatz für eine frustrierende Sexualität in der Wirklichkeit. Sie entspringt vielmehr dem weiblichen Bedürfnis nach einer Entdeckungsreise in die eigene Gefühlswelt. Gerade für Frauen ist die Sexualität ein schier unerschöpfliches Gebiet, das in alle Richtungen vermessen wird, um so das faszinierende Geheimnis des eigenen Frauseins mitsamt all seinen Möglichkeiten zu enträtseln.

Dieses Buch trägt den Titel »Mut zur Demut«. Warum? Sehr viele Frauen haben erotische Phantasien, die um das Gefühl von Demut und absoluter Hingabe, um die Erfahrung von Demütigung und Schmerz, ja sogar von Vergewaltigung kreisen. Doch nur wenige bekennen sich dazu.

Der in meinen Augen zentrale Grund für die starke Verbreitung von Vergewaltigungsphantasien sind die Schuldgefühle, die Frauen häufig wegen ihrer eigenen sexuellen Lust haben. Denn die Vorstellung, körperlich unterworfen zu werden, befreit die Frau von Schuld und Verantwortlichkeit. Sie ist während der Vergewaltigung zur Passivität verurteilt und damit unschuldig. Sie läßt ihren Widersacher in der Phantasie gerade das tun, was sie sich wünscht, und ist doch scheinbar gegen ihren Willen gezwungen, die Erfüllung dieser Wünsche hinzunehmen, da sie ja formell Opfer fremder Gelüste ist. Sie ist einer gnadenlosen Gewalt ausgeliefert – in Wirklichkeit aber ihren eigenen sexuellen Wünschen. Die Schmerzen und Demütigungen, die sie dabei erleidet, nimmt sie – es sei denn, sie ist wirklich masochistisch veranlagt – als notwendigen Preis dafür hin, daß sie die Lust empfinden kann, die sie in der Realität nicht erleben darf.

Die Vergewaltigungsphantasie hat vieles gemein mit anderen Phantasien, die von Schmerz und Demut, Unterwerfung und Züchtigung handeln. Nicht alle, doch viele dieser Phantasien haben denselben Hintergrund: Indem sich die Frau dem Mann ergibt, sich seinen erotischen Wünschen unterwirft, weist sie die Verantwortung dafür, daß sie moralische Grenzen verletzt, schamlos handelt, sich zu extremen sexuellen Handlungen hergibt, von sich. Es sind ja die Wünsche des Mannes, die die Szene bestimmen. So wird der »starke« Mann in der Phantasie der Frau zum Garanten für die Befriedigung der eigenen sexuellen Bedürfnisse.

Wie viele Frauen es genießen, sich lustvoll Demutsphantasien hinzugeben, haben mir nicht zuletzt die zahlreichen positiven Reaktionen auf mein Buch »Lust an der Unterwerfung« gezeigt, in dem ich mich zu meinen eigenen masochistischen Neigungen bekannte. Durchaus nicht alle Frauen, mit denen ich sprach, haben in der Realität den Wunsch, dem Mann Demut entgegenzubringen, sich zu unterwerfen, sich körperlichen Züchtigungen zu unterziehen. Und keine der Frauen, in deren Phantasie Vergewaltigung eine bedeutende Rolle spielt, wünscht sich, tatsächlich von einem Mann brutal überfallen und sexuell genötigt zu werden. Doch fast alle Frauen finden es reizvoll, ihre Gedanken und Phantasien um diese Themen kreisen zu lassen. Ja, viele von ihnen finden es äußerst erregend, sich in ihrer Phantasie vergewaltigen zu lassen – in einer von ihnen selbst bestimmten Handlung und Zeit, nach eigenem Drehbuch sozusagen.

Eine Frau braucht Mut, wenn sie sich zu ihrer Lust an der Unterwerfung bekennen will – und sei es nur in ihren erotischen Phantasien.

Meine Gesprächspartnerinnen klagten häufig über das Unverständnis, das ihnen entgegenschlägt, wenn sie es wagen, solche Gelüste zuzugeben. Männer sehen in einer weiblichen Demutsphantasie irrigerweise allzu schnell eine Aufforderung zur Gewalt, und Frauen wittern in ihr einen Verrat am Emanzipationsgedanken. Dabei verrät gerade der Mut einer Frau, sich zu solchen Wünschen zu bekennen, jene selbstbewußte, stolze und zur Eigenbestimmtheit entschlossene weibliche Haltung, die heißumkämpftes Ziel der feministischen Bewegung war und ist.

In den erotischen Phantasien von Frauen ergeben sich immer wieder bestimmte Handlungsmuster, lassen sich bestimmte Extremsituationen immer wieder nachweisen, tauchen bestimmte Rollenbesetzungen wieder und wieder auf. Über die große Verbreitung von Vergewaltigungsphantasien sprach ich bereits. Ich werde im folgenden einige weitere typische Züge der erotischen Phantasiewelt von Frauen aufzuzeigen versuchen.

Phantasien sind zumeist Sprünge ins Ungewisse, ins Dunkle, Mysteriöse, Gefährliche. Sprünge, die so risikobehaftet sind, daß man sie in der Realität in der Regel nicht wagen würde.

Doch jedes Risiko bedeutet eine Steigerung des Empfindungsvermögens. Die Angst vor dem Unbekannten stimuliert das Nervensystem aufs höchste. Und ein Nervensy-

18

stem, das durch derlei Reize aktiviert wurde, steigert auch die sexuellen Empfindungsmöglichkeiten beträchtlich.

Es ist daher nicht erstaunlich, daß der Geruch von Abenteuer und Gefahr viele erotische Phantasien durchdringt. Wagnisse vielfältiger Art spielen ebenso ein Rolle wie die Gefühle von Schwäche und Verletzbarkeit seitens der Frau.

In vielen Phantasien wird diese stimulierende Angst hervorgerufen durch einen Fremden, der die Rolle des Sexualpartners übernimmt. Sein Fremdsein erzeugt eine Aura von banger Erwartung, die die erotische Spannung oftmals ins Unermeßliche steigert.

Der Fremde tauchte als dunkler Schatten aus der Dämmerung auf. Es war zunächst nicht mehr von ihm zu sehen als sein nackter Oberkörper, der hell schimmerte. Dann erkannte sie auch die Zähne, die zwischen seinen Lippen glänzten, und das blasse Licht seiner Augen.

Sie spürte, wie die Langsamkeit seiner Bewegungen sie unruhig werden ließ . . .

Die Lippen des fremden Mannes senkten sich auf ihre, berührten sie erst leicht, beinahe flüchtig . . .

Dieser Mann, dieser verrückte fremde Mann, dessen Namen sie nicht einmal wußte, beherrschte ihren Körper mit einer Vollkommenheit, die sie erschütterte.

Diese ungeheure Spannung, die eine erotische Begegnung mit einem Unbekannten in der Frau auslöst, ist typisch für viele weibliche Phantasien. Das Fremdsein des Mannes ruft jene stimulierende Angst hervor, die später in eine erotische Empfindung übergeht.

Daneben ist es die Anonymität des Fremden, die befreiend und erregend wirkt. Zwei Menschen, die nichts voneinander wissen und sich nie wiedersehen werden, verbringen eine Stunde, eine Nacht ihres Lebens miteinander. In dieser Situation kann eine Frau sexuell völlig frei sein, kann tun und mit sich machen lassen, was immer ihr gefällt, ohne dafür zur (Selbst-)Verantwortung gezogen zu werden.

Der Fremde trat auf sie zu. »*So, Teuerste, hier wären wir also*«, *sagte er.* »*Sie werden mir diese Nacht zu Diensten sein, und ich glaube nicht, daß Sie Zweifel daran hegen, daß jede Gegenwehr von Ihnen und jedes Sträuben ebenso nutzlos sein werden wie Ihre Schreie, die allenfalls von ein paar streunenden Hunden gehört werden können.*«

Mit der gewährleisteten Anonymität und dem Ausschluß der Welt ringsumher hat die Frau den Mut, sich ohne geistige Beziehung zu dem Sexualpartner ihren rein physischen Empfindungen hinzugeben.

Die beidseitige Anonymität weist der Frau selbst und ihrem Partner Rollen in einem situativen Lustspiel zu, aus dem für niemanden Verpflichtungen oder Ansprüche erwachsen – auch dann nicht, wenn einer der beiden seine Distanz aufgeben möchte.

Sie hatte vergessen, wer sie war und woher sie stammte, sie hatte auch vergessen, daß dies ein Fremder war, der davon gesprochen hatte, daß er mit ihr auf seine Kosten kommen wolle. Sie konnte nicht anders, als diesen Augenblick zu genießen, das leere Zimmer, das karge Bett, den Blick des fremden Mannes dort drüben am Fenster – und ihre Lust . . .
»*Bitte*«, *sagte Clarine mit bebender Stimme und schmerzendem Herzen,* »*ich will nicht hierbleiben, ich möchte bei Ihnen bleiben!*«
»*Unsinn*«, *sagte der Fremde,* »*ich habe nur für eine Nacht bezahlt.*«
Er wandte sich um und ging . . .

Die Anonymität gibt der Frau in ihrer erotischen Phantasie die Freiheit, sich zu nehmen, was sie sexuell wünscht – und zwar auf genau die Art und Weise, die ihr am meisten behagt –, ohne jemals dafür Rechenschaft ablegen zu müssen. Denn ein ganz wichtiges Moment aller erotischen Phantasien, in denen ein Fremder zum Sexualpartner wird, ist die Gewißheit der Frau, daß der Fremde Fremder bleibt, auch nach einem gemeinsamen sexuellen Erlebnis.

Folgerichtig enden viele der entsprechenden Phantasien auch damit, daß die Partner nach einer sehr leidenschaftlichen Begegnung grußlos auseinandergehen. Niemand, so besagt dieser Schluß, wird je erfahren, wer der/die andere war, ein Wiedersehen ist ausgeschlossen, erst recht eine Bindung ...

Er wandte sich um und ging. Groß, dunkel und fremd. So, wie er einen Tag zuvor plötzlich vor ihr gestanden hatte.

Das Wissen darum, den anonymen Partner nie wiederzusehen, ermöglicht es der Frau, in ihrer Phantasie alles, aber auch wirklich alles zu erproben, was ihre Lust ihr gebietet.

Die weibliche erotische Phantasie spielt sich meist in einem Rahmen ab, der sich stark abhebt von dem realen Erlebnisfeld der betreffenden Frau.

So ist es typisch, daß innere Fremdheit und Unverbindlichkeit des Mannes gerade in den Phantasien derjenigen Frauen am häufigsten eine Rolle spielen, die real in einer langjährigen Liebesbindung leben, die bestimmt ist durch Vertrauen und Verantwortlichkeit. Gerade eine solche Frau gibt sich in ihrer Phantasiewelt bevorzugt dem Geheimen, Unsicheren und Fremden preis.

Und selbst wenn der Partner in ihrer Phantasie der eigene Ehemann ist, zeichnet sich der manchmal plötzlich durch eine ganz untypische Unzuverlässigkeit, Kälte und Unerreichbarkeit aus.

Er schiebt mich weg, barsch und grob. Sein Blick hat sich verändert. Ein kalter Blick streift geringschätzig meinen nackten Körper . . .
Ich fühle mich schutzlos, hilflos und klein und sehr, sehr verletzlich. Doch das interessiert ihn nicht. Er sieht mich nicht einmal an.

SIE (mit Angst in den Augen): Wirst du wiederkommen? . . .
ER: Mal sehen . . .
SIE: Bitte sag, daß du wiederkommst!
ER: Mal sehen . . .
SIE: Ich habe wirklich Angst hier allein . . .
ER: Ich weiß . . . (blickt sie ruhig an – liebevoll und hart zugleich. Geht hinaus.)

Der Unzuverlässige wirkt gerade durch seine Unzuverlässigkeit erotisch aufregend.
Situationen, in denen sich eine Frau der Liebe und Zuverlässigkeit eines Mannes nicht sicher sein kann, in denen sie seine Reaktionen in keiner Weise einschätzen kann, versetzen sie in einen Zustand der Verwirrung und Unruhe. Sie findet durch diesen Mann keine Entspannung, niemals das Gefühl der Ruhe und ist deshalb – zumeist: anders als im realen Leben – gezwungen, wach zu sein, aktiv und allzeit bereit, auf ihn zu reagieren, muß selbst die Initiative ergreifen. Und dieser Zustand der ständigen Aktions-/Reaktionsbereitschaft macht sie reizbar – auch in erotischer Hinsicht.

Tausend Funken tanzen unter meiner Haut, aktivieren jede Faser, jeden Nerv.
Ich sehe seine langen, schlanken Finger zum Teekännchen greifen.
Ich fühle sie auf meinen Brüsten, spüre, wie sie über meinen Bauch

und zwischen meine Beine gleiten. Finger um Finger. Etüden der
Lust . . .
Sag doch was, mach doch was! . . .
Er muß es doch merken!

Ein stimulativer Effekt wird bei mancher erotischen Phantasie auch erzeugt durch eine einseitig beendete Verbindung, die die Frau in Schmerz, Verzweiflung und Trauer zurückläßt. Aus der Intensität ihrer verschmähten Gefühle erwächst ein erotischer Reiz.

Das Gefühl, den geliebten und begehrten Mann nicht sicher zu haben, ihn vielleicht niemals zu bekommen, jederzeit alles verlieren zu können, verlangt ein Sichausliefern in jedem Augenblick und gewährleistet damit ein höchst intensives Erleben.

»Sex wird in einer solchen Beziehung zum Tor des Eros«, sagt Suzanne Miller, »zu der direkten Erfahrung, daß nichts im Leben wirklich erkannt ist und daß alles und jedermann sich beständig verändert. In einem solchen Begreifen liegt die Freiheit, im Augenblick zu handeln, und so die Möglichkeit zu tiefer Leidenschaft und ekstatischer Vereinigung. Am Rande des Unbekannten finden wir das wahrhaft Erotische.«

Die Welt der Phantasie ist ein Feld, in dem das Unmögliche möglich wird, in dem Wagnisse eingegangen werden können, für deren Folgen man nicht geradestehen muß, in der Fremdheit und Unsicherheit zum erotischen Stimulans werden.

Nach einer Untersuchung der amerikanischen Diplompsychologin Karen Shanor zur weiblichen Sexualität fällt den meisten Frauen bei der Frage danach, was sie als außergewöhnlich erotisierend empfinden, als erstes das Verbotene ein.

Ob es sich um gesetzlich, moralisch oder gesellschaftlich

Verbotenes handelt – in der Phantasie haben Gesetze keine Gültigkeit. Erlaubt ist, was gefällt – und wenn im realen Leben die schlimmste Strafe darauf stünde. Ganz so dramatisch spielt es sich meistens nicht ab. Doch wird in der Phantasie so mancher Frau denkbar, was im wirklichen Leben für immer unmöglich sein muß – etwa die beste Freundin mit deren Ehemann zu betrügen.

Handlungen und Konstellationen, die einem Verbot unterliegen, wirken auf uns erregend und reizvoll. Der Mann, der unerreichbar ist, ist für eine Frau allemal begehrenswerter als der, der jede Nacht neben ihr schläft. Und an eine ungewöhnliche Liebesstellung zu denken, stimuliert gewiß mehr, als sich das vor Augen zu führen, was man tagtäglich gemeinsam mit seinem Partner praktiziert.

Jeder Mensch hat eine ganz eigene Vorstellung davon, was sexuell verboten ist. Während für die eine Frau schon der Oralsex ins Reich des Verbotenen gehört, wird die andere alles das als legitim betrachten, was zwei Liebende aus freien Stücken miteinander tun. Ist für die eine die Liebe zwischen zwei Frauen eine Perversion, so ist die Bisexualität oder gar Homosexualität für die andere eine ganz natürliche Erscheinungsform.

Doch letztendlich geht es gar nicht darum, *was* verboten ist. Seinen Stellenwert erhält das Verbotene in der erotischen Phantasie nur dadurch, daß es dem Betroffenen als verboten gilt – und daß es ihm weitgehend unbekannt ist. Denn es sind immer das Unbekannte und die Neugier darauf, wie es sein wird, die die bange Erwartung und die erotische Spannung ausmachen, die sich mit dem Überschreiten der Verbotsgrenze einstellen.

Das Gefühl, etwas Verbotenes zu tun, ist mit der Angst verknüpft, entdeckt zu werden. Erotische Phantasien, die mit dem Motiv des Verbotenen arbeiten, sind somit auch immer Phantasien der Angst oder zumindest des schlechten Gewissens. Die Angst vor der Konsequenz der verbotenen Handlung wird zum erotischen Stimulans. Es ist allemal erregender, sich vorzustellen, während einer Feier vom Hausherrn in der Küche verführt zu werden, als an das »erlaubte« Intimerlebnis im ehelichen Schlafzimmer zu denken. Das Schuldgefühl, das in der Realität zumeist verhindert, daß wir das Verbotene tun, wird in der erotischen Phantasie zum Erregungsmoment. Die bange Erwartung, daß man entdeckt wird bei dem verbotenen Tun und die Konsequenzen tragen muß, steigert noch die Lust, die das Verbotene an sich auslöst. Die Vorstellung, mitten in einem verbotenen Liebesakt erwischt zu werden – beispielsweise mit einem Fremden im Ehebett zu liegen, während sich schon die Schritte des Ehegatten nähern –, gehört zu den am weitesten verbreiteten Phantasien von Frauen überhaupt.

Die meisten Menschen riskieren nicht, ihre Lust auf das verbotene erotische Erlebnis in konkretes Handeln münden zu lassen. Mit gutem Recht: Schließlich drohen gesellschaftliche Sanktionen unterschiedlichster Art. Doch in der Phantasie sind ungewöhnliche Situationen, sind das Verbotene und Verpönte der Stoff, aus dem einzigartige sexuelle Erlebnisse sind.

Schon in der Kindheit und Jugend erfahren wir, daß das Verbotene – nämlich Sex generell – etwas Wunderbares sein kann. Wir lernen, neugierig zu sein auf das, was uns verboten ist. Mit zunehmender sexueller Erfahrung verschiebt sich dann die Neugier vom Sex schlechthin – der ja inzwischen »erlaubt« ist – auf ungewöhnliche Praktiken und Konstellationen: Sex mit einem Menschen, den zu lieben einem verboten ist; Sex in einer verbotenen Umgebung; Sex mit der Möglichkeit, ertappt zu werden; die Beobachtung anderer Menschen beim Sex...

Sie blieb am Fenster stehen, ohne recht zu wissen warum . . .
Die Tür des gegenüberliegenden Zimmers wurde mit einemmal weit
geöffnet, ein Schatten löste sich aus der Dunkelheit des Flurs, und
dann trat sie ein – eine schlanke Frau von etwa dreißig Jahren,
hellblond mit langen Locken. Sie war nackt . . .
Lena sah, wie sie ihre Beine spreizte und anwinkelte und ihre Hand
langsam an den Innenseiten der Schenkel hinaufwanderte zu dem
rötlich behaarten Dreieck zwischen ihren Beinen.

Die Erzählung, aus der dieses Zitat stammt, nimmt gegen
Ende eine unerwartete Wendung, die etwas in meinen Augen
spezifisch Weibliches verdeutlicht: Frauen sind – im Gegensatz zu Männern – im allgemeinen niemals bloße Beobachter
eines sexuellen Aktes. Sie beobachten nicht von außen, sondern identifizieren sich vielmehr mit der beobachteten Person, treten also sozusagen in das Bild ein.
Aufgrund ebendieser Identifizierung der Frau haben weibliche Phantasien selten jene voyeuristisch-pornografischen
Züge, die Männerphantasien allzuoft kennzeichnen: Die Frau
ist nie unbeteiligte Zuschauerin, die die handelnden Personen
zu Objekten herabwürdigt, sondern immer direkt eingebun-
den, meist über ihre Identifikation mit einer Frau, die sie
beobachtet.
Hier liegt im übrigen der Ansatzpunkt für eine frauenspezifi-
sche erotische Ästhetik, die sich in jüngster Zeit entwickelt
hat.

Kaum eine Frau, mit der ich sprach, wollte in der Realität
über die Grenzen des sozial Erlaubten hinausgehen. In ihren
Phantasien aber zeigen die Frauen teilweise eine geradezu
atemberaubende Neigung, gerade die tabuisierten Bereiche
der Sexualität auszuloten. Das gilt ganz besonders für De-
muts- und Unterwerfungsphantasien.

Vollkommen nackt geleiten sie mich dann in ihrer Mitte an den Stamm der Eiche vor uns. Meine Arme werden nach hinten gebogen und gebunden, dasselbe geschieht mit meinen Beinen, die dabei leicht gespreizt werden. Sie binden mich so, daß ich mich kaum bewegen kann . . .

Willenlos wie ein Tier ließ ich mich aufs Bett ziehen. Und willenlos wie ein Tier ließ ich mich besteigen . . .
Dämmriges Licht kroch bereits durch die Vorhänge, als du mir die Handgelenke über dem Kopf an die Bettstange fesseltest . . .
Dann hörte ich ein Wimmern. Es war mein eigenes. Ich hörte mich bitten, Unmögliches verlangen, Unmögliches versprechen . . .

Die Vorstellung, gefesselt zu sein, spielt in der erotischen Phantasiewelt von Frauen eine bedeutende Rolle. Auch dieses Motiv bestätigt noch einmal den Wunsch der Frau nach Schuld- und Verantwortungslosigkeit ihren eigenen sexuellen Gefühlen und Wünschen gegenüber. Durch die Fessel entzieht sie sich der Kontrolle über das Geschehen – und damit der Kontrolle über ihre eigenen Reaktionen. Sie muß ja geschehen lassen, was passiert, weil sie hilflos ausgeliefert ist, gefesselt und wehrlos.
Eine gefesselte Frau ist aber auch gezwungen, sich ihren eigenen Empfindungen ganz und gar hinzugeben. Da sie mit ihren gebundenen Armen nicht in der Lage ist, sich um die Bedürfnisse ihres Partners zu kümmern, stehen sie und ihre sexuellen Gefühle im Mittelpunkt des Geschehens. Ohne schlechtes Gewissen kann (und muß) sie sich ihren körperlichen Reaktionen hingeben, ohne die leiseste Möglichkeit der Ablenkung oder Zerstreuung.

Zungen, nur noch Zungen, überall, zärtlich leckend. Mein Körper vibriert unter ihnen, ich winde mich unruhig. Bitte fester, möchte ich flehen . . .
Mein Rücken reibt sich wund an der rauhen Rinde der alten Eiche, während dieses ungeheure Zungenspiel mit nie nachlassender Intensität fortgesetzt wird.

Manche der Phantasiegeschichten in diesem Buch handeln vom Schmerz um des Schmerzes willen. Dieses Motiv kann sich mit dem zuvor beschriebenen Vergewaltigungs- oder Fesselungsmotiv überlappen, ist aber prinzipiell von jenem zu unterscheiden.

Die reine Schmerzphantasie ist darauf angelegt, einen ganz bestimmten, festgelegten Schmerz zu »erfahren« und diesen zu genießen. Sie dient der betreffenden Frau als Probierfeld des eigenen Schmerz-Lust-Genusses und ihrer Grenzen, nicht so sehr als Möglichkeit, sich aus der Verantwortung zu stehlen.

Schneller, hatte er gefordert und sie gepeitscht, weil sie nicht schnell genug gewesen war. Das Peitschen regte sie beide auf. Die brennenden Striemen erhitzten ihren Körper und steigerten ihre Lust. Ihn aber trieben ihre wilden Zuckungen unter dem schwarzen, kantigen Leder zur Ekstase.

Die Lust, die es bereitet, dem Partner Lust zu schenken, ist ein zentraler Aspekt weiblicher Phantasien – nicht nur der masochistisch gefärbten, in denen er allerdings sehr deutlich wird.

Überhaupt schienen mir einige Aspekte weiblicher Erotik am besten im Rahmen der masochistischen Phantasien darstellbar – so etwa auch die Bedeutung, die Requisiten in den Träumen von Frauen einnehmen können.

Die Peitsche, der Rohrstock, das Eisenbett als unerläßliches

Stimulans der Phantasie – doch auch, obwohl wenig plakativ, ein bestimmter Sessel, ein dicker Teppich, ein Musikinstrument oder, wie in der Erzählung »Sehr gelber Raps«, eine Pflanze: Bestimmte Requisiten tragen dazu bei, einen Rahmen für die erotische Szene zu schaffen, eine Atmosphäre erotischer Spannung aufzubauen, die oftmals an die Spannungsdramaturgie des Theaters erinnert.

Im Gegensatz zu Männerphantasien, in denen es sehr schnell »zur Sache« – und zwar nur zu dieser *einen* Sache – geht, findet sich bei den meisten Frauenphantasien eine Differenziertheit der Spannungsmomente, die das ganze Feld des sexuell Möglichen auszuloten bestrebt ist und die in Untersuchungen über die weibliche Ästhetik der Erotik als »Gleichwertigkeit der Details« beschrieben worden ist.

Der Hand, die sich über den Schenkel hinauftastet, kommt ebensoviel Bedeutung zu wie der Beschreibung des eigentlichen Sexualakts. Das Bad, das eine Frau in einem verkommenen Zimmer in Erwartung des Geliebten nimmt, ist bereits mit ebensolcher Erotik aufgeladen wie die Schmerz- und Lustphantasie, die folgt. Und vor allem dem Blick eines Mannes, seiner Stimme, seiner Gestik und Mimik kommen entscheidende Bedeutung zu.

Dieses Buch erhebt, wie ich eingangs schon sagte, keinen Anspruch auf Wissenschaftlichkeit. Eine Erläuterung der Kriterien, nach denen ich auf der Basis des mir vorliegenden Phantasie-Materials Aspekte der weiblichen Sexualität ausgewählt und fiktionalisiert habe, erschien mir dennoch wichtig.

Wenn das Buch eine Absicht verfolgt, dann diese: dazu beizutragen, daß Männer ihre Frauen und Frauen sich selbst besser verstehen und leichter anzunehmen lernen.

Die Phantasien

Die Hand

Eine Hand.
Eine Hand von rechts.
Sie tastet sich näher, sanft, kaum spürbar. Verweilt einen Moment lang auf der Lehne zwischen uns und gleitet dann weiter, unhörbar.
Wie zufällig, versehentlich rutscht sie auf mein Knie und bleibt dort liegen.
Eine Hand. Behaart. Ohne Ring. Eine männliche Hand mit langen, schlanken Fingern.
Die Hand eines Fremden. Denn ich bin allein zu diesem Vortrag hier gegangen. Wie immer zu spät gekommen, fand ich in der Dunkelheit irgendwo einen freien Platz. Das einzige Licht im Saal läßt den Vortragenden oben auf der Bühne, irgendeinen Professor, Fachmann für irgendwas, erstrahlen.
Und nun die Hand. Auf meinem Knie.
Ich verharre reglos, halte den Atem an. Die Hand klettert indessen weiter, meinen rechten Schenkel hinauf. Mir stockt der Atem. Sie fühlt sich weich an, doch nicht schlaff, sanft und doch energiegeladen. Eine schöne Hand. Mit einem angenehmen Druck, nun fest auf meinem Schenkel. Eine Hand, die meine geheimsten Gedanken und Wünsche kennen muß, denn wie von mir selbst gesteuert, so sicher um meine Regungen wissend, tastet sie sich weiter.

Beifall. Für den Professor.

Die fremde Hand bleibt liegen. Meine eigenen Hände haben sich in den Sitzbezug gekrallt. *Unser* Beifall bleibt aus.

Ich ringe um Luft. Diese alles wissende Hand ist zu meinem Knie hinuntergeglitten und hat mein kurzes Kleid in einer gekonnten Bewegung nach oben geschoben. Die langen Finger schieben sich unter meinen Tanga.

Verschwommen erkenne ich die Gestalt des Professors auf der Bühne. Seine emphatischen Äußerungen unterstreicht er mit wilden Gebärden. Seine Stimme erreicht mich wie aus weiter, weiter Ferne. Ich schließe die Augen.

Ich sollte sie entrüstet zurückstoßen, diese Hand, denke ich für einen kurzen Moment. Wo bleibt mein Anstand, bleibt die Moral?

Dann gebe ich auf, ergebe mich dieser fremden Hand, unterwerfe mich ihrem Willen. Längst bin ich in einen Zustand geraten, in dem die Gesetze von Moral und Etikette keine Rolle mehr spielen, jede Vernunft erloschen ist.

Ich bin nur noch Gefühl. Bestehe nur noch aus Trieben und Lüsten, die ausgelöst sind durch diese fremde, göttliche Hand.

Langsam, fast *zu* langsam bahnt sie sich, über meinen Haarpelz schleichend, den Weg in meine warm-feuchte Spalte. Dort bleibt sie liegen, sanften Druck ausübend auf das Knötchen, in dem meine Leidenschaften und Lüste sich sammeln. Mach weiter, möchte ich betteln. Doch die Hand ruht unbeirrt mit gleichbleibender Sanftheit. Ich bewege mich, kaum noch meiner Sinne mächtig, wie automatisch in meinem harten Sitz. Ich presse meine Scham der Hand entgegen, reibe mich an ihr, auf und ab. Mir ist es gleich, daß Scharniere quietschen und die Lehne knarrt. Ich kenne nur noch Lust, diese ungestillte Gier nach Erfüllung und Erlösung.

Da, endlich, beginnt die Hand zu kreisen. Ihr Druck wird härter, dann wieder weicher – ganz hart, unendlich weich...

O diese Hand! Sie raubt mir die Besinnung und auch noch die letzte Beherrschung. Ich will jammern, treten, stöhnen, schreien: »Schneller!« – »Noch nicht!« – »Jetzt!!!«

Dann zucken meine Glieder, der ganze Körper wirft sich in dem harten Sitz hin und her, Ströme ergießen sich in mir, grelle Lichter blitzen vor meinen Augen auf.

Benommen öffne ich die Augen: Die Saalbeleuchtung ist angeschaltet. Ein Raunen in der Menge. Panisch blicke ich an mir herunter – doch mein Rocksaum liegt sittsam knapp über dem Knie.

Beifall erhebt sich. Ach so, der Vortrag ist zu Ende.

Die Hand! Wem gehörte diese Hand?

Langsam, mit klopfendem Herz, drehe ich meinen Kopf nach rechts . . .

Der Sitz neben mir ist leer.

Kira und das alte Strandhaus

Als die ersten Regentropfen fielen, hatten sie das alte Strandhaus erreicht.

Die vom Salzwasser zerfressene schwere Holztür knarrte beim Öffnen.

Im Innern des kleinen Hauses empfing sie der Geruch von erkaltetem Feuer und vergangener Leidenschaft.

Kira war nahe der Türe stehengeblieben. Ihre Augen hatten sich noch nicht an die Dunkelheit gewöhnt. Wie von weither vernahm sie seinen Atem.

»Komm«, hörte sie ihn sagen.

»Jetzt gleich?« fragte sie zögernd.

»Jetzt gleich!« entgegnete er mit Nachdruck in der Stimme.

Kira stand einen Augenblick wie unentschlossen an der Tür. Noch kann ich zurück, dachte sie. Und zugleich lächelte sie über ihre eigene Naivität. Wie oft hatte sie diesen Satz in solchen Momenten schon gedacht! Und jedesmal war er genauso unsinnig gewesen wie heute. Nein, sie würde nicht gehen.

Und doch wollte sie sich die kleine Fluchtmöglichkeit bewahren: Ich könnte ja gehen, wenn ich wollte! Dabei wußte sie genau, daß sie es eben doch nicht konnte, weil sie in Wahrheit nichts mehr wollte, als hierzusein, mit ihm.

Kira wurde jäh aus ihren Gedanken gerissen vom Geräusch

eines gezündeten Streichholzes. Ein fahles Licht ließ für einen Moment die Einrichtung des Hauses erkennen: die Holzwände und -decken, den weißen Teppich, die Ledergarnitur, den Marmortisch, den Kamin, das mit einem Holzladen verschlossene Fenster...

Im Schein der Kerze, die er auf dem Marmortisch abgestellt hatte, näherte sie sich langsam seiner Gestalt, die in einem der schweren Ledersessel Platz gefunden hatte. Unter ihren bloßen Füßen fühlte sie den weichen Teppich.

Kira hielt den Blick gesenkt. Dennoch konnte sie die borstigen Stricke erkennen, die er sanft durch seine Hände gleiten ließ.

»Zieh dich aus«, sagte er, ohne aufzublicken, als sie dicht vor ihm stand.

Ein Kuß, ein Moment der Zärtlichkeit und Nähe, dachte sie wehmütig, und danach wäre alles viel leichter. Doch schon öffnete sie ihren Mantel und warf ihn auf den Boden. Mit wenigen Bewegungen wand sie sich aus dem kurzen roten Kleid, das sie immer trug, wenn sie ihn traf; es sei, sagte er, das einzige Kleid, das zu ihren kastanienbraunen Haaren passe.

Als sie nichts mehr außer Slip und Hemdchen anhatte, verharrte sie und sah ihn erwartend an. Es war in der langen Zeit ihrer Bekanntschaft zu einem Ritual geworden, daß sie in diesem Moment ihre Entkleidung unterbrach und auf seinen Befehl harrte, unverzüglich auch den Rest abzustreifen.

So war es denn auch dieses Mal. »Worauf wartest du?« fragte er ungeduldig. »Ich will dich nackt sehen, habe ich gesagt!« Und ebenso wie die vielen Male zuvor nickte sie auch heute ergeben mit dem Kopf und zog in Windeseile die störende Unterkleidung aus.

Nackt stand sie nun vor ihm. So nackt, wie er sie sich wünschte – und so nackt, daß sie sich schämte. Denn sie schämte sich immer noch, jedesmal aufs neue, auch wenn er ihren Körper inzwischen kannte, nicht nur mit seinen Reizen, sondern auch mit seinen Schwächen. Unwillkürlich bedeckte sie ihre Brüste mit den Armen.

»Was soll das?« hörte sie da seine Stimme, und auch das hatte sie erwartet – ebenso wie den nächsten Satz und alles, was darauf folgen würde.

»Hast du noch immer nicht gelernt, wie du dich vor mir präsentieren sollst? Na schön, wenn du dich nicht freiwillig schamlos geben willst, so werde ich dich dazu zwingen müssen!« Er erhob sich aus dem Sessel.

Kira hatte die Augen geschlossen, versuchte sich zu konzentrieren, denn was jetzt kam, war furchtbar. Seit sie ihm ihren Widerwillen dagegen gestanden hatte, entkam sie diesem Ritual nicht mehr.

»Streck deine Arme nach vorne!« befahl er, und Kira hielt sie ihm willenlos entgegen, ergeben in ihr Schicksal und doch voll innerer Abwehr.

Mit einem der Stricke verschnürte er daraufhin ihre Handgelenke, die bald zu keiner auch noch so kleinen Bewegung mehr fähig waren.

»Es tut weh«, sagte Kira leise. Die Stricke schnitten ihr diesmal besonders fest ins Fleisch.

»Sehr schön, das soll es auch«, sagte er. »Der Schmerz wird dich beim nächsten Mal daran erinnern, daß du lieber gleich das tust, was ich von dir verlange. Und jetzt will ich dich laufen sehen. Lauf und lächle!« befahl er, und seine Stimme wurde laut. »Und wehe dir, dein Laufen gefällt mir nicht!«

Kira stellte sich auf die Zehenspitzen und hob die verschnürten Arme wie spielerisch über ihren Kopf. Sie wandte ihm, der wieder in seinem Sessel Platz genommen hatte, das Gesicht zu und schenkte ihm ein strahlendes Lächeln.

»Ich will keine Werbepuppe für Zahncreme«, sagte er zornig. »Lächeln sollst du, du dummes Stück, lächeln! Weißt du nicht, wie man einen Mann anlächelt?«

Kira zuckte unter seinen Worten zusammen. Es war ihr, als würde ein heißer Pfeil durch ihren Körper schießen. »Dummes Stück« hatte er sie genannt. Der Ausdruck schmerzte sie, obwohl sie ganz genau wußte, daß diese Beschimpfung eine geradezu zärtliche Anrede war im Vergleich mit den Beleidigungen, die noch folgen würden. Sie wurde von ihm beschimpft, weil sie es ihm nie recht machen konnte – und es ihm niemals recht machen durfte. Denn davon lebte schließlich ihr Spiel: von ihrer Unfähigkeit und seiner Wut darüber – und schließlich von seiner Macht, sie dafür zu kränken. Eine Macht, die sie ihm selbst eingeräumt hatte, ihm jedesmal aufs neue einräumte, indem sie sich hier einfand, in diesem Strandhaus, mit ihm. Weil sie seine Kränkungen wollte ...

»Tanz, du verlorenes Weib, wenn du schon nicht gehen kannst! Aber beweg deine Hüften, und laß deine Brüste hüpfen, verstanden?« Er klatschte in einem wirren Takt in die Hände und sang dazu: »Tanz, Kira, tanz, tanz die ganze Nacht – brauchst dich nicht zu fürchten, ich gebe auf dich acht – aber tanz, Kira, tanz ...«

Und Kira tanzte, drehte sich auf den Zehenspitzen vor ihm, immer bemüht, ihre Reize so zu präsentieren, daß es ihm gefiel und Lust bereitete. Sie schwang ihre Hüften, ging in die Knie.

Er klatschte schneller, immer schneller. »Tanz, Kira, tanz!«

Kira sprang von einem Fuß auf den anderen, drehte sich, hüpfte, drehte sich, versuchte den immer schneller werdenden Takt zu halten – und fiel zu Boden.

Ein schmerzhafter Sturz, da ihre Handgelenke gefesselt waren und sie sich im Fall nicht abstützen konnte.

Gekrümmt vor Schmerzen blieb sie liegen, die Beine angewinkelt, den Kopf aufgestützt auf die verschnürten Arme.

Sie weinte in den weichen Teppich – vor Schmerz und vor Scham.

Sie fiel jedesmal.

»Du elende Kreatur, selbst zum Tanzen bist du zu blöde! Kein Wunder, daß kein Mann dich mehr will, so ungeschickt, wie du bist. Bleib liegen! Da unten am Boden ist dein Platz, du liederliches Weibsbild. Wollen doch mal sehen, ob du wenigstens zum Primitivsten fähig bist. Umdrehen!« schrie er sie an, und seine Stimme hatte keinerlei Ähnlichkeit mehr mit der Stimme, die sie vor nicht einmal einer halben Stunde sanft zu ihm gebetet hatte.

Kira rieb sich die Tränen am Teppich ab und drehte dann langsam ihren Körper, bis sie ganz auf dem Rücken lag, die verschnürten und sehr schmerzenden Arme über dem Kopf ausgestreckt.

»Beine auseinander!« fuhr er sie an, als er bemerkte, daß sie ihre Schenkel zusammengepreßt hatte. »Zeig mir, was du dort zu bieten hast!«

Kira biß sich auf die Unterlippe. Nur nicht weinen, nicht jetzt schon! Sonst ist es vorbei, so schnell vorbei...

Sie öffnete ihre Beine, so weit sie nur konnte.

»Stell die Füße auf, so kann ich dein Loch ja nicht sehen!« befahl er.

Ohne Widerspruch stützte sie ihre Beine auf und hob ihren Schoß ein wenig in die Höhe.

»Na siehst du, es wird doch! Und jetzt werden wir mal sehen, ob du auch richtig geil bist.« Er kniete sich zwischen ihre weit gespreizten Schenkel, griff ihr zwischen die Beine und zog ihre Schamlippen auseinander.

Kira schloß die Augen. Jetzt gab es kein Entrinnen mehr, keine Hintertür. Sie war gefangen. Fast ein wenig belustigt bemerkte sie die leise Panik, die bei diesem Gedanken in ihr hochstieg. Er kann mit dir machen, was er will, du kannst es nicht verhindern, du bist gefangen, du bist ihm restlos ausgeliefert.

»Du geiles Hurenstück, ich möchte nicht wissen, an was du gerade gedacht hast, daß du so feucht bist«, keuchte er.

Durch ihre halbgeschlossenen Lider sah Kira, daß er zu dem zweiten Strick griff. Voller Angst flehte sie ihn an: »Bitte, bitte, nein, es tut so weh, ich flehe dich an, tu es nicht, bitte...«

»Halt's Maul!« schrie er sie an.

Kira verstummte augenblicklich. Jetzt blieb ihr nur noch das Warten auf das Ende. Es konnte sehr bald kommen – oder auch sehr lange auf sich warten lassen. Aber es wird kommen, ganz sicher, versuchte sie sich zu beruhigen, während sie fest die Lippen zusammenpreßte. Er begann, den borstigen Strick zwischen ihren Beinen auf und ab zu reiben. Ihr Leib erschauerte. Wenn er doch so wie jetzt weitermachen würde, so sanft und doch ein wenig schmerzlich...

»Ahhh!« Kira schrie auf vor Schreck und vor Schmerz.

Jede Sanftheit war aus seinen Bewegungen gewichen. Mit unerbittlicher Schärfe zog er den Strick auf ihrem Kitzler hin und her, keuchte und lachte zufrieden, als sie mit ihren Beinen zu strampeln begann und erste Tränen in ihre Augen traten.

»Jetzt vergeht dir die Lust, nicht wahr, mein Vötzchen? Aber mir kommt sie jetzt erst richtig. Deine Gefühle interessieren sowieso niemanden.«

Sie hörte, daß er schluckte und immer schwerer schnaufte, sie fühlte, wie er ihre Beine nach oben riß und seine Hände ihre Schamlippen ungestüm auseinanderrissen, um den Weg zu bahnen für sein mächtiges Glied.

Kira glaubte zu zerbersten unter den harten Stößen, die er nun folgen ließ.

Sein verschwitzter Kopf vergrub sich in ihren Brüsten. Plötzlich spürte sie seine Zähne an einer ihrer Knospen, und für einen Moment blieb Kira die Luft weg vor Schmerz und Entsetzen, während sein Glied immer wilder, immer tiefer in sie stieß.

»Du Dreckshure!« schrie er. »Nur Dreck bist du, abscheulicher Dreck!«

Nur Dreck bin ich für dich, dachte Kira, nur widerlicher, nutzloser Dreck. Aber Frau, Frau bin ich auch. Deine Frau, deine lustvolle, geile Frau.

Kira lächelte. Dann stieß sie mit voller Wucht ihre Zähne in seinen sehnigen Hals.

Die Frau aus dem Hinterhaus

Als sie vor einem Jahr die Wohnung bezogen hatte, war es ihr zunächst gar nicht aufgefallen. Vielleicht lag es daran, daß sie einfach froh gewesen war, endlich eine Wohnung gefunden zu haben – was gar nicht so selbstverständlich gewesen war bei der damaligen Wohnungsnot und der gebotenen Eile. Aber sie hatte Glück gehabt und schon beim zweiten Versuch eine kleine Zweizimmerwohnung erhalten, die recht günstig – in der Nähe ihrer Schule – lag und außerdem erschwinglich war.

Es war eine durchschnittliche Wohngegend mit durchschnittlichen Bewohnern, und die Wohnung war ebenfalls von durchschnittlicher Größe und Ausstattung. Ein Zimmer, das sie als Schlafzimmer benutzte, sowie die Küche und das kleine Bad lagen zur Straße hinaus, das zweite, kleinere Zimmer lag nach hinten hinaus, mit Blick auf einen Hinterhof.

Sie hatte diesen Hinterhof zunächst kaum wahrgenommen, zumal sie in den ersten Monaten das zweite Zimmer nicht benutzte, weil sie lange auf die Lieferung der Wohnzimmermöbel wartete, die man ihr eigentlich schon für viel früher zugesagt hatte.

So nahm sie den Hof tatsächlich erst bewußt wahr, als sie die Möbel dann endlich erhielt. Sie war froh, nun endlich wirklich auch das zweite Zimmer nutzen zu können, und machte sich eiligst daran, die Möbel zu stellen und die restlichen Umzugskisten auszupacken.

Am Abend dieses Tages saß sie erschöpft, aber glücklich auf ihrem neuen Sofa und blickte im Zimmer umher, während sie zur Feier des Tages ein Glas Wein trank. Und genau da fiel es ihr zum erstenmal richtig auf: das Hinterhaus, das von dem ihren durch einen kaum fünf Meter breiten Hof getrennt war. Durch ihr Fenster sah sie nämlich urplötzlich einen Lichtschimmer, der sie irritierte. Sie stand auf und lief zum Fenster, und dann erkannte sie, woher das Licht kam: aus einem Zimmer in dem nämlichen Hinterhaus.

Unwillkürlich blickte sie durch das hellerleuchtete Fenster in das fremde Zimmer. Wie ihr eigenes wurde auch das gegenüberliegende Fenster von keinen Gardinen verdeckt, und da sich beide zudem auf gleicher Höhe befanden, hatte sie einen freien Einblick in den Raum. Es war – das konnte sie auf den ersten Blick erkennen, obwohl sich niemand darin aufhielt – das Schlafzimmer einer Frau.

Ein Rattanbett stand an der rechten Wand, ihm gegenüber befand sich eine geschnitzte Holzkommode, über der ein antiker Spiegel hing. Dann stand da noch ein ebenfalls antiker Kleiderschrank, und links in der Ecke war ein Korbsessel zu erkennen, der über und über mit Kleidern bedeckt war. Die Tür zum Wohnungsflur stand offen.

Lena nippte an ihrem Wein. Sie blieb am Fenster stehen, ohne recht zu wissen warum. Und ohne daß sie sich dessen bewußt wurde, trat sie ein wenig zur Seite, so daß sie, wäre plötzlich jemand in das andere Zimmer getreten, nicht ohne weiteres hätte bemerkt werden können.

Es war die reine Neugier, die sie am Fenster ihres Wohnzimmers verharren ließ, obgleich lange Zeit nichts geschah und alles, was sie sehen konnte, das leere Schlafzimmer einer Frau war.

Doch Lenas Neugierde wurde schließlich doch belohnt. Die Tür des gegenüberliegenden Zimmers wurde mit einemmal weit geöffnet, ein Schatten löste sich aus der Dunkelheit des Flurs, und dann trat sie ein – eine schlanke Frau von etwa dreißig Jahren, hellblond mit langen Locken. Sie war nackt.

Für einen Augenblick fühlte sich Lena verpflichtet, ihren Beobachtungsposten zu verlassen. Wenn ich jetzt hier stehenbleibe, dachte sie, läßt sich das nicht länger als bloße Neugierde entschuldigen, dann bin ich fast schon so etwas wie eine Voyeurin.

Doch sie konnte den Blick nicht abwenden. Erstens war ihr der Wein schon zu Kopf gestiegen und hatte ihre Sinne ein wenig durcheinandergebracht, und zweitens sagte sich Lena, daß doch eigentlich nichts dabei sei, jemand anderen zu beobachten.

Die Unbekannte war unterdessen vor die Kommode getreten und betrachtete sich im Spiegel. Sie begann ihr Haar zu bürsten, mit schwungvollen Bewegungen, die ihre Brüste wippen ließen.

Gebannt beobachtete Lena, wie sie dann, nachdem sie mit dem Bürsten aufgehört hatte, kritisch eine Brust anhob, um sie sorgfältig im Spiegel zu begutachten. Allem Anschein nach war sie zufrieden, denn gleich darauf ließ sie von der einen ab und wandte sich der anderen zu. Auch diesmal fiel das Urteil wohl günstig aus, denn sie griff nun zu irgendeiner Flasche, die auf der Kommode plaziert war, und schüttete sich von dem Inhalt etwas in ihre hohle Hand.

Lena sah, wie die Blonde mit langsamen und seltsam aufreizenden Bewegungen die Lotion auf ihrem Körper zu verteilen begann. Ihre Hände kreisten um die Brüste, wobei die Daumen mehrmals bedächtig über die Brustspitzen strichen, wandten sich dann dem Bauch zu und – nachdem sie noch einmal nach der Flasche gegriffen hatte – ihrem wohlproportionierten Po. Danach folgten die schlanken Beine, die Arme, die Schultern und der Hals.

Noch ein Blick in den antiken Spiegel, dann wandte sie sich ab und ging zu dem Korbsessel, der in der Ecke stand. Sie hob ein paar der Kleidungsstücke hoch, ließ sie aber wieder fallen, da anscheinend nicht das darunter zu finden war, was sie gesucht hatte. Sie lief zur Kommode zurück, öffnete eine Schublade und nahm etwas Weißes heraus. Es war ein kurzes Hemdchen, wie Lena gleich darauf erkannte, nachdem die Blonde es sich übergestreift hatte und dann zu dem Bett schlenderte. Sie schlug die Tagesdecke zurück, warf die Kissen auf den Boden und streckte sich auf der Bettdecke aus.

Lena hatte gerade beschlossen, daß es nun wirklich an der Zeit wäre, ihren Posten neben dem Fenster aufzugeben, als die fremde Frau sich unerwartet auf die Seite rollte, die Matratze an der Wandseite ein wenig anhob und eine Zeitschrift hervorholte. Sie blätterte die Seiten hastig durch, bis sie gefunden hatte, wonach sie offenbar gesucht hatte.

Während die Unbekannte mit der einen Hand sich das Heft dicht vor die Nase hielt, griff die andere an den Saum ihres Hemdes und schob es mit einer schnellen Bewegung nach oben. Lena sah, wie sie ihre Beine spreizte und anwinkelte und ihre Hand langsam an den Innenseiten der Schenkel hinaufwanderte zu dem rötlich behaarten Dreieck zwischen ihren Beinen. Währenddessen blätterte sie ab und an mit der anderen Hand geschickt eine weitere Seite des Heftes um. Lena hielt den Atem an, als die Frau sich zu streicheln begann und ihre Hand dann fast völlig zwischen ihren Beinen verschwand. Ihr Unterkörper hob und senkte sich dabei in einem rhythmischen Takt. Mit großen Augen beobachtete Lena, wie sich die Matratze mit dem Rost des Bettes deutlich dem Boden näherte, wenn sich die Blonde gar zu leidenschaftlich in die Kissen preßte.

Mit einemmal jedoch unterbrach die Blonde ihre Bewegungen und hob ein weiteres Mal die Matratze zwischen Bett und Wand empor. Diesmal kam ein länglicher Gegenstand zum Vorschein.

Lena hatte einige Mühe, zu erkennen, um was es sich handelte. Doch als sie wußte, was es war, schoß ihr die Schamröte ins Gesicht.

Es handelte sich ohne Zweifel um einen Vibrator, und während Lena noch mit ihrer guten Erziehung kämpfte und Scham und Erregung einen ungleichen Kampf in ihr ausfochten, hatte die Frau den Vibrator längst seiner Bestimmung zugeführt.

Sie ließ ihn zunächst sehr langsam zwischen ihren hoch aufgestellten und weit gespreizten Beinen kreisen, um ihn dann mit einer heftigen Bewegung in ihrem Unterleib verschwinden zu lassen. Wieder senkte sich die Matratze im rhythmischen Takt.

Das Heft war inzwischen zu Boden gefallen, und Lena konnte ihre Unruhe kaum unterdrücken, als sie sah, wie die Frau Kopf und Oberkörper wild auf den Kissen hin und her warf, den Mund zu einem lautlosen Schrei geöffnet.

Unruhig trat Lena von einem Fuß auf den anderen. Sie preßte ihren Bauch gegen die kühle Wand ihres Wohnzimmers. Fast ohne es selbst zu merken, stellte sie das Weinglas ab und begann ihre Brüste zu streicheln.

In diesem Moment sah sie, wie der Oberkörper der blonden Frau mit einemmal nach oben schnellte, einen Augenblick verharrte und dann ermattet zurücksank.

Lena schluckte. Noch immer konnte sie sich nicht von der Stelle rühren. Noch immer konnte sie nicht ihren Blick von dem unfreiwilligen Schauspiel abwenden, das die blonde Frau aus dem gegenüberliegenden Haus ihr an diesem Abend bot.

Diese zog bald darauf den Vibrator zwischen ihren Beinen

hervor, ließ ihn unachtsam zu Boden gleiten und drehte sich schläfrig zur Seite.

Lena wandte sich ab. Das selbstvergessene Liebesspiel der fremden Frau hatte sie in große Erregung versetzt. Ohne einen weiteren Blick auf das Fenster im Nachbarhaus zu werfen, streifte sie ihr Kleid ab, entledigte sich ihres Slips und ihres BHs und sank auf das neue Sofa. Sanft begann sie ihre Brüste zu kneten und über ihre Brustspitzen zu streichen. Ihr Interesse galt jetzt einzig und allein ihrem eigenen Körper.

Und so sah Lena auch nicht die blonde Gestalt, die an das Fenster des gegenüberliegenden Zimmers getreten war, um in neu aufflackernder Erregung die nackte Frau in dem hellerleuchteten Wohnzimmer des Vorderhauses zu beobachten...

Heute abend...

Der Gürtel.
Das glatte Leder fühlt sich kalt an in meiner Hand.
Heute abend...

Dein Blick war deutlich, vorhin beim Abschied an der Tür.
Heute abend werde ich deine Stärke spüren,
deine Leidenschaft.
Und das glatte, kalte Leder.
Heute abend...

Angst und Faszination, Beklemmung und Erregung.
Alles in mir ist in hellem Aufruhr.
Erwartung.
Heute abend...

Deine Sklavin werde ich sein,
unterwürfig,
demütig,
gehorsam,
ausgeliefert,
deinen Befehlen gehorchend,
den Schmerz erwartend.
Heute abend...

Im Spiegel begegnet mir mein vor Aufregung gerötetes Ge-
sicht.
Mein Blick ist verwirrt, ist voller Liebe.
Und voller Stolz: Ich bin eine masochistische Frau.
Ich will dir gehorchen – dir, meinem Geliebten.
Schmerzen wünsche ich mir – und Zärtlichkeit,
deine Härte und deine Weichheit.
Heute abend...

Ich will schön für dich sein. Es soll dir Lust bereiten, mich zu
demütigen, meinen Körper zu züchtigen.
Vor dem großen Spiegel im Schlafzimmer kleide ich mich
aus.
Betrachte mich nackt.
Von hinten, von vorn, gebeugt.
So wirst du mich sehen.
Heute abend...

Ich kann es kaum mehr erwarten.
Ziellos laufe ich durch Straßen und Geschäfte.
Ein köstliches Mahl will ich dir bereiten, danach...
Ein Bad will ich für dich nehmen, mit duftenden Essenzen,
davor...
Ich will verlockend sein für dich.
Heute abend...

Hingabe im Badewasser.
Alle Gedanken an dich, an den heutigen Abend,
an Lust und Schmerz.
Mit zitternden Händen verteile ich Parfüm auf meinem Kör-
per.
Es ist dein Körper.
Welche Bestimmung könnte köstlicher für ihn sein?

Draußen ist es dunkel geworden.
Schritte nähern sich.
Deine Schritte.
Es ist Abend geworden. Viel zu schnell.
Die süße Trunkenheit banger Erwartung,
lustvolles Warten auf dich.
Heute abend . . .

Dein Blick ruht auf mir.
Ruhig, entschieden.
Ich gebe mich hin:
deiner Liebe, deiner Stärke,
dem Schmerz,
unserem Glück.

Die Seligkeit beim Aufwachen.
Wie herrlich es ist, dich zu fühlen, obwohl du nicht mehr bei
mir bist.
Deine Zeichen, den Schmerz,
auf meinem Rücken,
auf meinen Schenkeln.

Glücklich eile ich zum Spiegel.
Stolz läßt mich erzittern.
Deine Handschrift ist fein gezeichnet.
Deine Zeichen.
Mein Körper ist dein geworden.
Diamanten könnten mich nicht stolzer machen.

Herrenabend

Die Scheinwerfer blitzten auf. Das flutende rote Licht fing ihren Körper ein.

Jenny tanzte.

Ihr Körper gab sich dem Rhythmus des wilden Trommelwirbels hin, der gerade eingesetzt hatte. Sie wog ihre Hüften, ging in die Knie und wand sich langsam wieder hoch.

Ihre Augen waren geschlossen. Ihr langes schwarzes Haar, das ihr bis zur Taille reichte, schlug auf ihren goldfarbenen Körper.

Jenny war nackt.

Mit dem letzten Hüftschwung, der letzten Drehung hatte sie das letzte Kleidungsstück abgestreift: den seidenen weißen Stringtanga, der ohnehin mehr offenbart als verhüllt hatte, sich aber äußerst reizvoll von ihrer dunklen Haut abgehoben hatte.

Auf ihrem Körper glänzten Schweißperlen, sie erinnerten an den glitzernden Morgentau auf dunklem Holz.

Jenny bog ihren geschmeidigen Körper nach hinten, so weit, daß ihre Haare fast den Boden berührten. Ihre Schenkel waren dabei gespreizt und boten einen unverhüllten Einblick in ihr schwarzbesamtetes Dreieck. Es war das gleiche Schwarz wie das ihrer Haare.

Der Trommelwirbel steigerte sich, Jennys Bewegungen

wurden wilder, unkontrollierter. Ihre Glieder zuckten unter den Scheinwerfern, die Schweißperlen auf ihrer Haut vermehrten sich.

Dann, mit einer überraschenden Bewegung, ließ sie sich zu Boden fallen. Regungslos lag sie auf dem Rücken, den Blick zur Decke gerichtet. Nur ihr Brustkorb hob und senkte sich im schnellen Takt der Trommeln.

Dann streckte sie die Arme nach oben. »Kommt«, seufzte sie, kaum hörbar, mit vor Anstrengung und stiller Erregung gedämpfter Stimme. »Kommt endlich!« sagte sie noch einmal, etwas lauter diesmal und sehr viel fordernder.

Sie öffnete ihre Beine und lächelte. Erwartungsvoll.

Die drei Männer, die bis dahin verzückt auf ihren Stühlen vor der kleinen Bühne verharrt hatten, gebannt Jennys erotischem Tanz und Striptease gefolgt waren, sprangen auf.

Beinahe gleichzeitig erreichten sie das Podest, und noch während sie die Bühne bestiegen, entledigten sie sich in hastigen Bewegungen ihrer Kleidung. Ungestüm warfen sie Hosen, Hemden, Unterwäsche von sich und verharrten dann einen Augenblick regungslos und schweigend.

Jenny lag immer noch auf dem Boden. Ihre feuchte, goldfarbene Haut glänzte, ihr Haar hatte sich wirr auf dem Boden ausgebreitet. Ihre Augen hielt sie nach wie vor geschlossen, aber ihre Lippen waren nun weit geöffnet – so wie ihre Schenkel.

Langsam näherte sich der erste Mann dem verlockend glitzernden Dreieck, das sich so prächtig darbot. Seine Hände spreizten vorsichtig ihre heißen Lippen. Er stöhnte.

Der zweite Mann hatte sich unterdessen Jennys Brüsten zugewandt. Pralle, runde Brüste waren es, die sich ihm da entgegenstreckten und aus deren Mitte wie spitze Dornen ihre hoch aufgerichteten Warzen ragten. Er beugte sich über die rechte und nahm sie in seinen Mund. Sogleich begann seine Zunge, sie zärtlich und doch kräftig zu liebkosen.

Inzwischen hatte auch der letzte, der dritte Mann ein Ziel seiner Begierde gefunden: Jennys Gesicht, ihren wollüstig geöffneten Mund, die vollen roten Lippen. Er fuhr mit dem Zeigefinger die einladenden Konturen nach. Schon gab sie nach und öffnete unter leisem Stöhnen bereitwillig den Mund noch ein wenig weiter. Er stieß seine Zunge hart in ihre warme Mundhöhle, fühlte ihre rauhe Zunge auf der seinen. Jenny bebte.

Die Musik war langsamer geworden, verhaltener. Wie in Zeitlupe drang die Trommelmusik jetzt aus dem Lautsprecher.

Die vier Menschen oben auf der Bühne hatten mittlerweile ihren eigenen Rhythmus gefunden.

Jenny schrie leise auf, als der erste Mann ihre Beine anhob und langsam in sie eindrang. Der zweite Mann saugte nunmehr mit wachsender Leidenschaft an ihren Brustwarzen. Sie wollte die Zähne zusammenbeißen, aber das gelang ihr nicht mehr, denn der dritte Mann hatte ihrem Mund bereits eine andere Aufgabe zugeteilt: Er hatte ihren Kopf zwischen seine Beine genommen, hob mit der Hand ihren Nacken an und drängte sein Glied zwischen ihre weichen Lippen.

Ein Trommelwirbel hob an, vermischte sich mit den Lustschreien, dem Stöhnen der vier Menschen, die auf dem roten Samtboden des Podestes ihre Körper in wilden Bewegungen ineinander verschmelzen ließen. Immer lauter dröhnten die Trommeln, immer schneller ...

Dann – Ruhe. Die Musik war verstummt. Auf der Bühne vier Körper, erschöpft, verschwitzt, miteinander verschlungen.

Als Jenny seufzend die Augen öffnete, waren zwei der Männer gegangen.

»Bau das Podest ab und stell es gleich in den Keller«, sagte sie zu dem dritten Mann, der angekleidet vor ihr stand. »Du weißt schon, die Kinder ...«, mahnte sie, während sie aufstand, um ins Badezimmer zu gehen. »Und bring die Gläser in die Küche!«

»Natürlich, meine Liebe«, sagte der Mann und warf seiner Frau einen bewundernden Blick nach. »Übrigens: Ich freue mich schon auf unseren nächsten Herrenabend.«

Zufällige Berührung

Eine Berührung. Eine zufällige Berührung wie so viele, so unendlich viele davor. Aber diese ist anders.

Mein Atem stockt, die Härchen auf meinen Unterarmen richten sich auf. Langsam wandert mein Blick nach oben: Der fremde Arm gehört einem dunkel gekleideten Herrn mittlerer Größe – mit Aktenkoffer, Schirm, Brille. Er ist überhaupt nicht mein Typ – eigentlich...

Die Straßenbahn schaukelt weiter. Da, noch eine Berührung. Und wieder derselbe Effekt: Stromschläge in meinen Blutbahnen. Was ist los mit mir?

Er, der Unscheinbare, scheint es auch zu spüren. Er blickt mich an. Viel zu lange, was mich noch unruhiger macht. Es gelingt mir nicht, mich abzuwenden. Wie gebannt verharre ich regungslos. Irgend etwas muß dieser Mann an sich haben. Wie sonst käme mein Körper dazu, so zu reagieren?

Besagter Herr mittlerer Größe scheint in meinem Gesicht ebenfalls verzweifelt nach dem gewissen Etwas zu suchen, was ihn unablässig auf mich blicken läßt.

So geht das eine ganze Weile: Auge um Auge, Blick um Blick.

Dann ein Lächeln. Von ihm natürlich. Ich habe schließlich meinen Stolz – oder jedenfalls eine gute Kinderstube...

»Kennen wir uns?«

Du liebe Güte! Selten bin ich so abgeschmackt angesprochen worden. »Nicht daß ich wüßte«, antworte ich.

»So, ich dachte, ich hätte Sie schon an der Uni...«

Sie? Der Mensch spinnt total. Ein absoluter Anti-Typ – ich wußte es ja gleich.

Nur mein Körper spinnt. Das prämenstruelle Syndrom vielleicht? Nein, kann nicht sein. Also muß es doch an ihm liegen. Unglaublich! Vielleicht bin ich einfach zu empfänglich geworden, oder ich habe meine erotischen Tage, was weiß ich. Jedenfalls hält mich irgendwas noch immer an seiner Seite in der schaukelnden Bahn.

Meine Haltestelle. Sie kommt näher – und bleibt zurück. Wie ich. Neben dem Anti-Typ, der vergeblich nach ein paar einnehmenden Sprüchen sucht.

Also gut, ab und zu muß auch die zum Warten verurteilte Weiblichkeit initiativ werden für ihr Glück oder für das, was sie dafür hält.

»Bei dem Italiener da drüben an der Ecke gibt es einen himmlischen Espresso«, locke ich.

»Ah ja?«

Mein Gott, Mann, sag doch was!

»Der Espresso«, hake ich nach, »schmeckt bei ihm zu jeder Tageszeit. Und zu zweit schmeckt er noch viel besser. Es spricht doch nichts gegen ein Täßchen zu zweit, oder?«

Keine Antwort. Statt dessen starrt er auf meine Brust. Seine viel zu hohe Stirn legt sich in tiefe Falten. Jetzt sieht er noch unvorteilhafter aus – was ich eigentlich kaum mehr für möglich gehalten hatte.

»Sie meinen, wir beide...?« Er sieht mich mit großen Augen an.

Richtig, du Armleuchter, denke ich. Wir beide, du und ich!

»Warum nicht?« entgegne ich keck, während meine körperlichen Reaktionen immer noch auf vollen Touren laufen. Möchte wirklich wissen, wieso. Aber gut, Gefühl ist

Trumpf, und ab und zu muß man dem Körper einfach nachgeben. Vernunft hin, Kopf her: Mein Body hat gesprochen.

»Also steigen wir jetzt aus«, schließt er messerscharf und müht sich umständlich mit seinem Koffer und dem Schirm ab.

Beim Verlassen der Bahn kommt es zur nächsten zufälligen Berührung. Mir bleibt die Luft weg. Elektrische Ströme schießen mir durch Mark und Bein – und noch ganz woanders hin. Ich muß ihn haben!

Ich muß diesen Typ einfach haben – ihn, der mir wenig später ziemlich ratlos und vertrottelt beim Italiener gegenübersitzt und erklärt: »Ich mag dieses Zeug nicht.«

Mit »diesem Zeug« meint er den Espresso, für den manche Leute zehn Kilometer weit fahren.

Einen Kamillentee bestellt er. Ich versinke vor Scham. O Pedro, erzähl bloß keinem davon!

Pedro lächelt reserviert. Heute spielt alles verrückt.

Mein Gegenüber rührt unterdessen mindestens eine halbe Stunde lang in seinem Kamillentee. Wie ich so was hasse! Warum tue ich mir diesen Menschen nur an?

Die Frage beantwortet sich bei der nächsten zufälligen Berührung. Tausend Funken tanzen unter meiner Haut, aktivieren jede Faser, jeden Nerv.

Ich sehe seine langen, schlanken Finger zum Teekännchen greifen. Ich fühle sie auf meinen Brüsten, spüre, wie sie über meinen Bauch und zwischen meine Beine gleiten. Finger um Finger. Etüden der Lust.

Unruhig rutsche ich auf meinem Sitz hin und her. Sag doch was, mach doch was!

»Gut, der Kamillentee«, sagt er.

Raus hier, denke ich, das kann doch alles nicht wahr sein!

Dann erzählt er von seiner Arbeit. Ewig.

Zur Sache, Schätzchen, denke ich – und bezweifle zugleich, daß er überhaupt begreifen würde, was *Sache* bedeutet. Ich sollte gehen, ganz schnell, sofort.

Nein, nein, bleib, bettelt mein Körper.

Nun gut, noch ein Versuch. Der allerletzte.

»Meine Wohnung ist hier gleich in der Nähe«, lege ich los, »klein, aber mein – und Kamillentee habe ich auch«, schließe ich lässig.

Er blickt mich verständnislos an. »Ich muß jetzt nach Hause.«

Na klar! Was hast du eigentlich erwartet? sage ich mir. Er muß nach Hause – zu Frau und Kind. Schau ihn dir doch an: Zu Rotkohl und Kamillentee muß er...

Mein Körper bäumt sich auf. *Er* ist noch nicht bereit aufzugeben.

Mein Anti-Typ winkt Pedro, will zahlen. »Getrennt«, verlangt er, und mir verschlägt es die Sprache.

Stumm zähle ich die Münzen auf den Tisch.

»Also dann«, sagt er und steht auf.

Verschwinde bloß, will ich schreien, aber eine weitere zufällige Berührung verhindert das. Heiße Wogen durchfluten meinen Körper. Er muß es doch merken!

Noch ein Versuch, ein allerallerletzter, betteln meine Sinne. Ich verfluche im Geist meine sexuellen Bedürfnisse, schlucke den kümmerlichen Rest meines Stolzes hinunter und strahle ihn an. »Wirklich, es ist nur ein Katzensprung. Meine Wohnung liegt gleich da drüben, über dem Schreibwarenladen. Die mit der großen Terrasse. Wir könnten auch draußen...«

Er blickt an mir vorbei, dann erhellt sich sein Gesicht. »Meine Bahn! Also, auf Wiedersehen!«

Sagt er und stürmt davon. Häßlich, blaß, nichtssagend – der totale Anti-Typ eben.

Vergiß ihn, rede ich mir beruhigend zu. Und trotte deprimiert nach Hause, meines Stolzes beraubt und mit angeschlagenem Selbstbewußtsein. Doch immer noch stehen mir alle Haare zu Berge, und alle Sinne sind auf Empfang geschaltet.

Zu Hause angekommen, werfe ich meine Tasche in die nächste Ecke und beschließe, meinem Frust mit einem doppelten Espresso zu Leibe zu rücken.

Als ich den Küchenschrank öffne, lacht mir die Kamillenteepackung höhnisch entgegen. Wutentbrannt schlage ich die Tür zu.

Nur raus hier! Zu Bert am besten. Der ideale Seelentröster. Oder besser noch zu Roland. Bei ihm finde ich Balsam und Befriedigung für den schmachtenden Körper. Doch irgend etwas gefällt mir an beiden Lösungen nicht.

Es klingelt. Wer wagt es jetzt, gerade jetzt, mich zu stören? Mißmutig trotte ich zur Tür.

»Ich dachte... ich meine... wenn das Angebot mit dem Tee und der Terrasse noch gilt...«

Ich glaube zu träumen. Doch ein zweiter Blick überzeugt mich vom Gegenteil. Meine Knie werden butterweich.

»Äh... ja«, sage ich, in der Sprachvielfalt ihm erschreckend ähnlich geworden. »Bitte, hier entlang...«

Er stolpert über meine Tasche und ich über seinen Schirm hinweg in die Küche.

Zärtlich öffne ich die Tür zum Küchenschrank, betrachte verzückt die Kamillenteepackung und stelle überrascht fest, daß ich restlos glücklich bin...

Angelique und der Hohe Gebieter

Durch ihr Kleid spürte Angelique die Feuchtigkeit des Grases. Ihre Hände waren erdverschmiert, regennasse Gräser liebkosten ihr Gesicht. Ihre nackten Knie schmerzten von den Steinen und Nesseln. Dennoch durchflutete sie ein sonderbares Glücksgefühl: Sie war die Schlange auf Befehl, und die Schritte, die sie hinter sich hörte, bewiesen, daß sie zweifellos mit Vergnügen betrachtet wurde – mit dem gleichen Vergnügen, das allmählich auch sie ergriff.

Der Hohe Gebieter hatte diesen bizarren Einfall gehabt, als sie nach dem Gewitter gemeinsam die sich ausbreitenden Pfützen betrachteten, während noch vereinzelte Blitze zuckten und ein fernes Donnergrollen die Erde erzittern ließ. Der Hohe Gebieter hatte Angelique an sich gepreßt. Ein Lächeln hatte ihr Gesicht erhellt, als seine Hand liebevoll über ihre Locken strich. Plötzlich hatte sie zu ihren Füßen eine Blindschleiche gesehen, die sich schamlos wand. Auch der Hohe Gebieter hatte sie gesehen. Angelique hatte sofort geahnt, was in ihm vorging. Vor Aufregung stockte ihr der Atem.

Der Hohe Gebieter hatte geflüstert: »Angelique, ich will dich so bis zum Schloß durchs Gras kriechen sehen.«

Nach dieser Aufforderung hatte sie sich von ihm gelöst und war auf den schlammigen Boden gesunken. Ohne den Gebieter noch einmal anzublicken, hatte sie gefragt: »Soll ich hier anfangen?« Und er hatte sanft erwidert: »Ja – aber du sollst rückwärts kriechen.« Angelique hatte sich flach auf dem Bauch ausgestreckt und begonnen, sich langsam und nur mit Hilfe der Ellenbogen rückwärts fortzubewegen.

Angelique fühlte, wie bei jeder Bewegung sich ihr Kleid ein wenig mehr über die Schenkel schob. Sie erriet, was der Hohe Gebieter von ihr erwartete. Also wand sie sich so geschickt durch das Gras, daß bald ihr Kleid ganz hochgerutscht war und ihr nackter, schneeweißer Hintern von oben betrachtet werden konnte.

Gräser schnitten in das Fleisch ihrer Schenkel, rauhe Kieselsteine rissen zwischen ihren Beinen die Haut auf. Die leichten Verletzungen entflammten ihre Lust.

Angelique wurde von Unruhe ergriffen. Allzugern hätte sie einen Blick hoch zu ihrem Gebieter geworfen, um zu sehen, ob die geschwollene Frucht, die ihr Mund so oft umschlossen hatte, nicht endlich auf sie zukommen und in sie eindringen würde. Dann wäre sie erlöst, denn wenn der Zauber eines Spiels verflogen war, konnte sie ihm entkommen: Der Hohe Gebieter zwang sie nie. Doch sie wagte es nicht aufzublicken. Obwohl sie spürte, wie ihre Kräfte schwanden.

Die Hand des Hohen Gebieters legte sich auf ihre Schulter. »Angelique, wenn du müde bist, hör auf...«

Sie konnte aus dieser Stimme so viel Respekt hören, daß sie errötete. Ist das noch mein Gebieter, wenn er sofort schwach wird? Sie wollte weder ihrer noch seiner Schwäche nachgeben. Und so quälte sie sich weiter, die Nerven zum Zerreißen gespannt, die Tränen nicht mehr zurückhaltend.

Der schlammige Boden setzte ihr mehr zu, als sie erwartet hatte. Einen Augenblick glaubte sie, nicht mehr weiterkriechen zu können. Da vernahm sie plötzlich die noch immer sanfte Stimme des Hohen Gebieters: »Angelique, dreh dich um. Ich möchte, daß du den Rest der Strecke auf dem Rücken hinter dich bringst!«

Angelique drehte sich auf den Rücken und sah nun den Hohen Gebieter vor sich, bleich und lächelnd, mit hoch aufgerichtetem Glied.

Sein Blick glitt zu ihrem nackten Bauch, und mit plötzlich harter Stimme befahl er: »Na los, kriech endlich weiter!«

Mit wunden Ellenbogen überquerte Angelique die Terrasse. Als sie das Haus fast erreicht hatte, mußte sie innehalten, so erschöpft war sie. Für einen Augenblick schloß sie die Augen.

Als Angelique die Augen wieder öffnete, stand der Hohe Gebieter über ihr. Ein Strahl ergoß sich, der ihren Bauch mit hellen Tropfen bedeckte. Der Blick des Hohen Gebieters suchte den ihren. Er drückte so viel Sanftheit aus, daß Angelique ein tiefes Glücksgefühl durchfuhr.

Sie verharrte lange Zeit reglos, ohne gewahr zu werden, daß die Nacht hereinbrach und der Hohe Gebieter bereits sein Zimmer aufgesucht hatte. Erst nach geraumer Zeit erhob sie sich, folgte ihm ins Schloß und kleidete sich um zum gemeinsamen Mahl.

Während des Essens verloren weder der Hohe Gebieter noch Angelique ein Wort über das, was geschehen war. Angelique erntete von ihrem Gebieter ein Kompliment über ihr Gewand, und sein Lächeln bewies tiefe Dankbarkeit. Das war mehr, als sie sich wünschen konnte.

Sie hatte diese Art zu leben, zu lieben und zu leiden immer gewollt, und der Hohe Gebieter hatte, als er ihr begegnet war, sofort gespürt, welche Faszination diese Art von Knechtschaft auf sie ausübte. Er wußte, daß Angelique trotz der Schmerzen, der Schreie und Tränen, die er ihr entlockte, unbeschreibliche Wonnen erlebte.

Nach dem Essen bat der Hohe Gebieter sie, eine Schallplatte aufzulegen und sich zu ihm an den Kamin im Wohnzimmer zu setzen. Aneinandergeschmiegt, gemeinsam eine Zigarette rauchend, zusammen vom Rhythmus der Musik getragen, waren sie zwei Liebende wie tausend andere auch.

Angelique gab sich seiner Zärtlichkeit hin. Der Hohe Gebieter öffnete ihr Mieder und streichelte ihre Brüste. Sie schmiegte sich noch enger an ihn, während das Feuer im Kamin auf ihren Beinen brannte. Sie hob den Kopf und sog den Geruch des Geliebten ein: Lavendel und englischer Tabak, vermischt mit dem milden Duft, der seinem Körper anhaftete. Die Hand des Hohen Gebieters liebkoste nun ihren Bauch. Sie spürte das tiefe Verlangen, mit ihm eins zu sein.

Wie oft hatte er sie schon in dieser Umarmung vor dem Kamin genommen! Dann hatte er sie gebeten, sich hinzuknien und ihren Hintern so weit wie irgend möglich herauszustrecken, und Angelique hatte ihren schlanken Körper gestreckt, um ihm so ihre prallen Hüften am besten darzubieten. Während der Hohe Gebieter sie liebte, war sie manchmal von seinen Händen gestreichelt, manchmal von der Peitsche gegeißelt worden.

Auch an diesem Abend gab er ihr mit einer deutlichen Geste zu verstehen, was er von ihr erwartete. Der mit grauem Satin bezogene Stuhl wurde vors Feuer gerückt. Angelique kniete sich davor, das Hinterteil dem Feuer zugewandt, und barg das Gesicht in den Armen. Ihre Wange schmiegte sich an den weichen Stuhlbezug. Dann wurde sanft ihr Negligé hochgeschlagen. Plötzlich war sie von einer mauvefarbenen Nacht umgeben – gefangen in Hüllen, die sie selbst gewählt hatte, um zu verführen.

Nie bot sie sich verführerischer dar, als wenn sie halbnackt dalag – den Körper so gekrümmt, daß es fast schmerzhaft war. Dann kam es ihr vor, als gehörte dieser Körper einer anderen. Die Schleier entrückten sie der Wirklichkeit. Der Hohe Gebieter wußte das. Ihn, der sich selbst nie entkleidete, der sich selbst nie gab, befriedigte nichts mehr als dieser anonyme Körper. Angelique stöhnte vor Wollust und banger Erregung unter der sachten Hand, die sie nun erforschte. Ihr erster Schrei war kurz. Doch das Aufbäumen ihrer brennenden Lenden gab sie dem nächsten Hieb preis. Sie erstickte ihre Schreie im Stoff ihres Negligés, biß sich auf die Finger, ihre Nägel krallten sich in den grauen Satin. Die Schmerzen durchzogen ihren Leib wie Dolchhiebe. Immer wieder ließ der Hohe Gebieter die Peitsche auf ihr glühendes Hinterteil niedergehen – bis die Erfüllung der angekündigten Sinnesfreuden sie in eine Ekstase der Wollust geraten ließ.

Eng umschlungen wurden sie danach vor dem Kamin vom Schlaf und von den Träumen überrascht.

Als Angelique erwachte, war der Hohe Gebieter nicht mehr da. Auf dem Tisch fand sie die Nachricht, daß ihr Gemahl nach Paris gerufen worden sei. Leider könne er nicht sagen, wann er zurückkommen werde.

Es vergingen Stunden und Tage. Angelique wartete.

Eines Abends, nach vielen Tagen, rief sie das Klingeln des Telefons in ihr Zimmer. Sofort erkannte sie die Stimme des Hohen Gebieters.

»Wo bist du?«

»In meinem Zimmer. Und du?«

»Stehst du oder sitzt du?« fragte der Hohe Gebieter.

»Ich sitze auf meinem Bett«, antwortete Angelique. »Ich schaue zum Fenster hin, halte den Hörer in der rechten Hand und den Apparat auf den Knien.«

»Welches Kleid trägst du?«

»Mein nachtblaues Negligé.«

»Sonst nichts?«

»Nein, nichts.«

»Nun hör mir zu und tu, was ich dir sage«, fuhr die Stimme des Hohen Gebieters fort. »Streck dich nackt auf der Felldecke aus. Klemm den Hörer an dein linkes Ohr, streichle deine Brust und folge mit der anderen Hand den Kurven deines Körpers. Und dann beschreibe mir, was deine Hände ertasten! Hast du verstanden?«

»Ja«, murmelte Angelique fügsam.

Sie ließ das hauchdünne Gewand zu Boden gleiten. Nackt und weiß legte sie sich hin, ihre langen Beine ausgestreckt, das linke Ohr am Hörer.

»Nun denn«, sagte sie, »meine linke Hand streichelt meine rechte Brust, meine rechte Hand umschließt mein Knie. Aber du«, flehte sie, »wo bist du?«

»Ich sitze im Büro«, entgegnete der Hohe Gebieter, »bereit, dir zu folgen. Deine Worte lenken meine eigene Hand.«

Angelique, die während der langen Tage die Lust des Wartens kennengelernt hatte, wurde von dieser Stimme in den Bann gezogen. Sie verriet ihr deutlich die Begierde des Hohen Gebieters. Diese Stimme versetzte ihr Innerstes in Aufruhr.

Irritiert von ihren eigenen Gefühlen, bot Angelique sich mit einer neuen Freude dar und flüsterte: »Ich bin allein, mir ist kalt, ich liebe dich. Meine rechte Hand verläßt das Knie, wandert an meinem Schenkel hoch, der so voll und weich ist, wie du es dir wünschst. Ich lasse die Hand nach innen gleiten, wo die Haut noch zarter wird, meine Finger ertasten feines, lockiges Haar...«

»Nein, ändere deinen Weg!« befahl der Hohe Gebieter. »Dreh dich um, und stell dich so zur Schau.«

Angelique hätte zwar Gehorsam heucheln, mit Worten davon ablenken können, daß sie dem Befehl nicht gehorchte – doch sie unterwarf sich dem Wunsch ihres Gebieters und streckte sich nun auf dem Bauch aus.

»Bist du bereit?«

»Ja«, erwiderte Angelique. »Meine rechte Hand gleitet über die Rückseite meines rechten Schenkels, sie gleitet nach oben, stößt auf eine Erhebung, deren Konturen sie folgt...«

»Keine Phrasen!« herrschte der Hohe Gebieter sie an. »Fahr

mit der Hand in die Kerbe, und sag mir, was du auseinanderspreizt!«

Angelique flehte ihn an, ihr dies zu erlassen. Sie schämte sich, das Wort auszusprechen, das wußte er. Doch der Hohe Gebieter bestand drauf. Also fuhr sie stockend fort: »Meine Hand... gleitet in ein enges Tal... Sie stößt hinein und... spreizt meine...«

»Na?«

»...spreizt meine Arschbacken«, hauchte Angelique schwach.

Als sie hörte, daß der Hohe Gebieter heftiger zu atmen begann, packte auch sie die Erregung. Mit klarer Stimme fuhr sie fort: »Meine weißen, festen Arschbacken, die du so sehr liebst. Die ich dir so gern darbiete. Die erzittern, wenn du sie auspeitschst. Erregt es dich, wenn ich jetzt auf sie schlage?«

Angelique ließ mit der Hand eine Tracht klatschender Schläge auf ihre Backen niederprasseln, wobei sie den Hörer an ihr Hinterteil hielt. Dann führte sie ihn wieder ans Ohr. »Hast du es gehört?«

»Ich liebe dich, Angelique, ich liebe dich«, stöhnte der Hohe Gebieter. »Aber schlag noch stärker und länger. Ich will fünfzig Schläge hören!«

»Fünfzig?«

»Ja. Und die Schläge sollen so stark sein, daß du stöhnen mußt!«

Angelique gehorchte. Fünfzigmal klatschte ihre gerötete Hand auf ihr brennendes Fleisch. Sie konnte die Tränen nicht zurückhalten, und als die Zahl voll war, hörte sie sich zu ihrer Überraschung schluchzen: »Oh, wie hast du mir weh getan, wie hat deine Hand mich verbrannt!«

»Ich liebe dich sehr, Angelique«, flüsterte der Hohe Gebieter. »Knie dich jetzt hin, zeig mir deinen Hintern, und verschaff dir mit der Hand Befriedigung.«

Angelique ließ sich auf die Knie nieder und streckte ihr

Hinterteil in die Höhe. Zwischen den Schenkeln fand ihre Hand einen offenen Kelch. Erste Seufzer zeigten ihre Erregung, und ein Stöhnen aus dem Hörer verriet ihr, daß auch der Hohe Gebieter auf dem Weg war.

Dieses Stöhnen verstärkte sich, wuchs an zu einem lauten Keuchen, und plötzlich schrie die Stimme des Hohen Gebieters: »Angelique, komm, du ...!«

Angelique, zusammengesunken, von Lustschauern geschüttelt, genoß ihren Sinnesrausch. Aus dem Hörer hörte sie eine weit entfernte Stimme murmeln: »Gute Nacht, Angelique, meine Teuerste.«

Dann legte der Hohe Gebieter auf.

Angelique wählte das Büro ihres Mannes an. Doch es meldete sich niemand. Von wo aus hatte er angerufen? Sie erfuhr es nie ...

Weitere Tage vergingen.

Angelique gab sich dem Warten hin, so wie sie sich einst dem Hohen Gebieter hingegeben hatte, weil ihr Blut sie dazu bestimmt hatte, Gefangene zu sein, alle Lust aus der Knechtschaft zu gewinnen.

Ihr Platz war hier in diesem einsamen Schloß, wo sie die Peitsche gespürt und einem Tyrannen gedient hatte. Sie würde nicht davon ablassen, auf seine Rückkehr zu warten, schön und verführerisch, so nackt, wie er es liebte, zu jeder Schmach bereit. Ja, sie würde diese Schmach sogar selbst erbitten! Mit Jubel sah sie ihrer Erniedrigung durch ihn entgegen. Sie wollte die Instrumente ihrer Folter in ihrem Zimmer bereitlegen, damit der Hohe Gebieter sie sofort griffbereit hätte. Sie wollte Spiele erfinden, mit denen sie ihrem Gemahl beweisen konnte, daß sie bereit war, sich ihm ohne Vorbehalte hinzugeben.

Das Fieber der Begierde belebte Angeliques Phantasie ins Grenzenlose. Derart aufgewühlt, fand sie eines Tages in der Halle den Brief.

Als Angelique sich auf ihr Zimmer zurückgezogen hatte, mußte sie die Nachricht des Hohen Gebieters mehrmals lesen, bevor sie begriff, was er ihr mitteilte.

Angelique, schrieb er, *ich liebe dich, und dennoch wirst du mich nicht mehr sehen. Du hast meine Liebe mit deinem Bild geprägt, ich werde es immer in mir tragen. Und doch muß ich weiter. Aber ich lasse dir, was ich besitze: mein Schloß. – Verstehe mich, du wirst immer meine Komplizin, meine Königin sein. Ich verlasse dich nicht wirklich, du schönste aller Frauen. Ich reiße mich lediglich aus deinen Armen, denn deine Glut würde mich allmählich verbrennen. Ich gebe dich nur dem Leben zurück. – Vielleicht werde ich eines Tages zurückkehren. Ich weiß nicht, ob ich das Haus nicht vielleicht leer vorfinden werde. Aber wenn du mich erwartet hast... – Sollte ich dich nicht mehr sehen, so überlasse ich dich dem, den du kennenlernen wirst. Er wird dich lieben, wenn auch weniger als ich. – Dein Hoher Gebieter.*

Angelique war wie erstarrt. Schweigend gab sie sich ihrem Schmerz hin.

Am Abend sah sie durch ihre Tränen die Sterne funkeln. War das nicht ein Zeichen? Die Worte des Hohen Gebieters brannten in ihr: »Vielleicht werde ich eines Tages zurückkehren...« Konnte sie mit der Kraft ihrer Liebe nicht erreichen, daß ihr eines Tages alles zurückgegeben würde?

Sie wollte, daß diese Hoffnung in ihr zur Gewißheit würde, und beschloß, die Nacht so zu verbringen, wie der Hohe Gebieter es von ihr gewünscht hätte, wenn er dagewesen wäre.

Sie schminkte und parfümierte sich und begab sich, nackt unter den Schleiern, ins Kaminzimmer.

Die Flammen im Kamin leckten an den Rinden der Holzscheite, die sich knisternd in der Glut zusammenrollten. Wie hypnotisiert starrte Angelique auf diese scharlachroten Flammen.

Langsam legte sie ihr Negligé ab, nahm, von unsichtbarer

Hand gelenkt, eine geflochtene Peitsche von der Wand und begann damit ihre Brüste zu liebkosen.

Genauso hatte sie sich dem Hohen Gebieter immer dargeboten.

Den Flammen ihre Lenden zuwendend, ließ sie sich auf die Knie fallen, reckte ihren Hintern in die Höhe und ließ den ersten Schlag auf das Fleisch sausen, das so viel Lust erweckt und erlebt hatte.

So geißelte sich Angelique mit wollüstiger Besessenheit, ohne zu ahnen, daß der Hohe Gebieter niemals wiederkehren würde...

Der Mann von Celine

In meiner Phantasie lebe ich zu Beginn unseres Jahrhunderts. Eine wichtige Rolle spielt in meiner Geschichte der Mann meiner Freundin. Aber das werden weder er noch meine Freundin jemals erfahren. Doch – dem Himmel sei Dank – in meinen Träumen ist ja alles möglich, in meinen Träumen bin ich frei, frei von moralischen Zwängen...

Es ist bald neunzehn Uhr, und ich bin gerade neunzehn Jahre alt. Es ist Winter und bitterkalt.
Frierend stehe ich vor dem Stadtpalais, in dem meine Bekannte wohnt, und klopfe an das große Tor. Eine Zofe öffnet und fragt nach meinem Namen, dann führt sie mich in einen Raum im linken Flügel des Hauses.
Mir den Rücken zugewandt, sitzt dort ein Mann am Schreibtisch. Mir fallen der sehr maskuline Nacken und die ruckartigen, herrischen Bewegungen des Kopfes auf. Der Mann brüllt etwas in sein Telefon. Dann dreht er sich unvermittelt zu mir um; die porzellanblauen Augen eines Vierzigjährigen richten sich auf mich.
»Bitte verzeihen Sie«, sage ich verschüchtert, »ich bin mit Ihrer Frau verabredet. Das Mädchen muß mich mißverstanden haben.«
Vergnügt verzieht er sein Gesicht zu einem breiten Grinsen.

»Was soll ich denn verzeihen? Daß eine schöne Frau gekommen ist, um den armen Arbeitssklaven einen Augenblick zu zerstreuen? Ich bin entzückt und beneide Celine um diese attraktive Freundin!«

Dann setzt er sich lässig auf die Armlehne meines Sessels, zündet sich eine Zigarette an, schenkt Whisky in zwei riesige Gläser aus geschliffenem Kristall ein und reicht mir das eine. Ich habe noch nie Whisky getrunken und lehne ab.

»Aber Sie sind meine Gefangene, meine Schöne«, erwidert der Mann, ohne mir die Ablehnung übelzunehmen. »Doch erzählen Sie: Wer sind Sie, und warum hat mir Celine nie von Ihnen erzählt?«

»Oh«, sage ich, »ich kenne Celine erst seit einer Woche, aber es war Freundschaft auf den ersten Blick, und sie hat mich für heute abend hier zum Essen eingeladen.«

»Ah, Sie essen hier zu Abend. Eigentlich wollte ich ja heute abend mit ein paar Leuten ausgehen, aber angesichts der Umstände werde ich selbstverständlich bleiben...«

Er erhebt sich und verläßt den Raum, nicht ohne mir vorher eine Kußhand zuzuwerfen und mir zu versichern: »Bis gleich, ich liege zu Ihren Füßen, unmögliche Madame...«

Während ich warte, trinke ich von dem Whisky. Das ungewohnte Getränk benebelt rasch meine Sinne.

Dann erscheint ein Kammerdiener und bringt mich zu Celine. Als ich hinter ihm die Treppe hinaufsteige, berühren meine Füße kaum den Boden. Ich schwebe. Ich bin Alice im Wunderland.

Celine ist blond, schlank und rassig und malt surrealistische Bilder. Ich bewundere ihre Bilder und ihre weibliche Ausstrahlung so sehr, daß mein Vertrauen in meine jugendliche Schönheit mit einem Schlag dahin ist. Gewiß, ich bin hübsch – aber auch unsagbar linkisch. Und das ärmellose schwarze Kleid, das mich im Kaufhaus viel Geld gekostet hat, wirkt hoffnungslos provinziell im Vergleich zu der umwerfenden

Kreation der berühmten Schneiderin Roisson, die meine Gastgeberin trägt.

Celine schenkt mir ein ehrliches Lächeln. »Sie haben meinen Gatten Jean in drei Minuten erobert? Da haben Sie aber einen gefährlichen Fang gemacht! Ich kenne keinen Verführer, der meinem Mann ebenbürtig wäre, und ich habe immerhin einige ausprobiert...« Sie lächelt tatsächlich ohne jede Eifersucht.

Später, bei Tisch, sitze ich neben Jean. Celine selbst hat es so gewünscht und dafür einen dankbaren und verliebten Blick ihres Gatten erhalten.

Die Vorspeise wurde kaum aufgetragen, da spüre ich, wie seine zärtliche Hand sich auf mein Knie legt. Finger streifen meinen Schenkel, nähern sich dem Slip. Ängstlich beobachte ich Celine, die anmutig und ungerührt zum zweiten Gang übergeht.

Wir sprechen über Mode, über Gesellschaften, über die Ausstellung eines bekannten Malers im Kunstmuseum der Stadt. Ich merke, wie ich immer betrunkener werde von dem schweren Rotwein, den Jean mir unentwegt nachschenkt.

Nach dem Kaffee sage ich, daß ich gehen möchte. Ich bin in hohem Grade erregt, obgleich sich Jean während des ganzen Diners damit begnügt hat, unablässig mit seinen weichen Händen meinen rechten Schenkel zu streicheln.

Als ich aufstehe, um mich zu verabschieden, schlägt mein Gastgeber vor, mich von seinem Chauffeur fahren zu lassen. Nachdem ich mich bei Celine für den Abend bedankt habe, begleitet mich Jean nach draußen. Ich blicke ihm in die Augen, in diese Gletscheraugen, die mich hypnotisieren.

Als ich in den Fond des Wagens gestiegen bin, gleitet Jean plötzlich auf den Platz neben mir. Wir fahren ab. Nach ein paar Metern legt er seinen Arm um meine Schulter, und mich erfüllt ein unglaubliches Behagen.

In einer Gegend, die ich nicht kenne, halten wir an. Jean und ich steigen aus dem Wagen und betreten ein vornehmes Gebäude. »Mein Büro«, erklärt er und führt mich in einen langen, rotbraun tapezierten Raum.

Auf Knopfdruck öffnet sich eine in die Wand eingelassene Bar, die in riesigen Mengen jenen Whisky bereithält, mit dem ich mich vor dem Diner allzu schnell angefreundet habe. Jean füllt nur ein Glas für uns beide.

Während ich trinke, streichelt er sanft meine Brust. Dann entkleidet er mich Stück für Stück, und bald habe ich nur noch mein schwarzes Hemdchen an. Kraftvoll umfaßt er meine Taille und hat mich schon auf den Teppich niedergestreckt.

Wir lieben uns auf dem Boden, rollen von der einen Seite zur anderen. Er zerreißt mein dünnes Hemdchen und drückt seine heißen Lippen auf meine nackte Haut. »Wie schön du bist!« flüstert er, und ich versuche das Bild Celines aus meinem Kopf zu streichen, die mir so viel begehrenswerter erscheint als ich.

Die Erinnerung an Jeans Ehefrau wirkt ernüchternd auf mich und mein Begehren. Ich will aufstehen. Doch Jean ist noch lange nicht von mir gesättigt. Ohne auf meine Wünsche einzugehen, drückt er mich zu Boden, kniet sich neben mich, spreizt mit kraftvollem Griff meine Beine und zieht meinen widerstrebenden Leib zu sich heran.

Nein! Ich will nicht! Doch er krallt seine Hände in meine Brüste, und sein Mund knebelt den meinen. Ich schäme mich furchtbar, auf einmal – und muß mich doch seinen kraftvollen Stößen ergeben.

Auf einmal unterbricht er seine rhythmischen Bewegungen und gebietet mir, mich umzudrehen. Ich versuche den Umstand, daß er nicht mehr in mir ist, zur Flucht zu nutzen, doch er packt meine Fußknöchel und wirft mich auf den Bauch. »Hiergeblieben!«

Mit einer Hand drückt er meinen Unterleib nach oben, mit

der anderen spreizt er meine Beine – und dann geschieht das Unglaubliche: Wie ein wild gewordener Stier rammt er mit einem einzigen Stoß all seine Männlichkeit in die enge Öffnung meiner Gedärme. Ich schreie eine Ewigkeit lang – auch noch, als ich mich schon längst an den beißenden Schmerz gewöhnt habe und seine Bewegungen zu genießen beginne. Später liegen wir, ohne uns zu berühren, auf dem Teppich vor seinem Schreibtisch, dessen Umrisse sich im fahlen Licht des nahen Morgens abzuzeichnen beginnen.

»Komm, steh auf«, sagt er. »Ich habe jetzt genug von dir. Ich will nach Hause, zu Celine.«

Der Luxus der Unterwerfung

An der Tür drehte sie sich noch einmal um. Ganz langsam und ohne jedes Geräusch.

Nur noch einen letzten Blick auf ihn werfen, wie er dalag, ganz dem Schlaf hingegeben, in den zerwühlten Kissen. Dieses Bild, *sein* Bild in sich einsaugen, es bewahren – und dann endgültig gehen. Das war es, was ihr blieb. Das war es, was ihr zustand. Was er ihr zustand am Morgen, nach einer Nacht wie dieser.

Nachdem sie die Tür sanft geschlossen hatte, stieg sie bedächtig die Marmortreppe hinunter und verließ die Backsteinvilla. Draußen empfing sie die erste Morgensonne. Es würde ein schöner Tag werden. Es war Montag, ein Montag morgen im März – und sie war glücklich.

Glücklich, weil sie seine Hände und seine Lippen noch auf ihrer Haut spürte, seinen starken, männlichen Körper noch fühlte, seine Leidenschaft noch in sich trug. Eine heftige Leidenschaft.

Sie überquerte die Hauptstraße, schlängelte sich durch die Menschenmassen, die zu dieser frühen Stunde bereits zu ihren Arbeitsplätzen drängten. Und schließlich war sie zu Hause.

Ihr Zuhause – das war ein schäbiges Zimmer in einem heruntergekommenen Hinterhaus, spartanisch möbliert, ohne jeden Luxus, armselig. Sie drehte den Schlüssel in dem alten, verrosteten Türschloß und öffnete die Holztür mit einem heftigen Stoß, denn anders ließ sie sich nicht öffnen.

Im Zimmer war es dunkel. Die Sonne erreichte das kleine, zugige Fenster, von dem aus man nichts als die Rückfront des Vorderhauses sehen konnte, nie. Graue Mauern und Fenster, mehr gab es nicht zu sehen. Mehr würde sie nicht sehen, einen langen Monat lang. Bis, ja bis . . .

Sie zog ihren Mantel aus und warf sich übermütig auf die alte, schmale Liege rechts an der Wand. Das hier war ihr Leben. Das Leben, das sie sich selbst gewählt hatte. Und das hier war ihr Glück. Ein unfaßbares Glück. Mit einem seligen Lächeln schloß sie die Augen und schlief wenig später ermattet ein.

Zwei Jahre zuvor noch hatte diese Frau in den Seidenkissen eines luxuriösen Ehebettes geschlafen und, wenn sie an einem der rückwärtigen Fenster ihres Hauses stand, einen herrlichen Ausblick auf den nahen Park gehabt. Und sie hatte nie allein dagelegen. Denn da war Karl gewesen, ihr Mann, ihr rechtlich angetrauter Ehemann.

Sie hatte das typische Leben der Oberschicht geführt: gediegen, vornehm, langweilig. Auch ihre Ehe war langweilig geworden, sehr schnell, und ihre Liebesnächte hatten den Namen schon bald nicht mehr verdient. Emotionslose Routine. Sie erinnerte sich an die vielen Nächte, in denen sie verzweifelt ins Kissen geweint hatte – unglücklich, unbefriedigt, allein. Obwohl und gerade weil er neben ihr gelegen hatte. Nach drei Jahren war ihr Intimleben zu einem pflichtgemäßen Routineprogramm heruntergekommen, das alle vierzehn Tage ablief und nach dem sie beide froh waren, daß sie es hinter sich hatten.

Dann aber, im vorletzten Herbst, war ihr plötzlich die Geschichte der Sklavin Laura eingefallen. Eine Phantasiegeschichte aus Kindertagen: die Erzählung einer jungen römischen Sklavin, die einzig und allein für die Lust ihres

Herrschers Aron lebte. Weit entfernt von seinem Palast, verbrachte sie ihr Dasein mit Warten – auf ihn, den Geliebten. Dieser kam nur alle paar Wochen und immer nur für eine Nacht zu ihr, entlud seine Leidenschaft und ließ sie dann allein zurück. Und Sklavin Laura war glücklich mit dieser Regelung, mit diesem Leben, vollkommen glücklich. Sie nutzte die Zeit des Wartens mit Lesen, mit der Pflege ihres Körpers und übte sich in geistiger Demut, um sich noch empfänglicher für des Herrschers seltenen, aber um so gewaltigeren Liebesbezeugungen zu machen.

Ja, diese Erzählung war ihr eingefallen, irgendwann nach einer freudlosen Nacht, als sie lustlos durch die hellen, gepflegten Räume ihrer Villa geschritten war, gelangweilt, unbefriedigt und ohne Hoffnung darauf, daß sich ihre Lage jemals verbessern würde.

Sie begann, die fiktive Sklavin Laura um ihr Leben zu beneiden und sich mit wachsender Erregung die Nächte auszumalen, die diese Frau mit ihrem Herrscher erlebt haben mußte: Zügellosigkeit, wilde Leidenschaft, grenzenlose Lust. Ganz genau sah sie die Gestalt der jungen Sklavin vor sich, kniend vor ihrem Gebieter, seine Befehle und seine Zärtlichkeiten gleichermaßen lustvoll erwartend...

Der Vergleich mit ihrem eigenen Liebesleben raubte ihr beinahe den Verstand. Sie hatte genug von diesen Lehrbuch-Zärtlichkeiten, diesem Banal-Sex ohne Abweichungen. Sie wollte mehr. Sie wollte sich hingeben, Härte spüren, vielleicht sogar sanfte Gewalt. Sie wollte dominiert werden, ihm zu Willen sein, gedemütigt werden und liebkost. Die ganze Palette, den ganzen Reichtum erotischer Möglichkeiten wollte sie spüren. Härte und Sanftheit, Lust und Qual.

Plötzlich wußte sie: Sie wollte eine Sklavin sein. Sie wollte *seine* Sklavin sein. Die Vorstellung ließ eine Welle der Erregung in ihr aufsteigen: Sie, die Ehefrau des angesehenen und betuchten Vorstadtarztes, würde sich zur Sklavin machen lassen.

Und dann hatte sie keinen Moment mehr gezögert, keine Minute mehr vergeudet. Sie hatte dieses armselige Zimmer gemietet, die schlimmste aus einer Reihe von Studentenbuden, die man ihr angeboten hatte, hatte ein paar wenige Dinge gepackt, die sie zum Leben benötigte, und war gegangen.

Zurückgeblieben im ehelichen Haus war ihr Brief. Ihr Bekenntnis, ihr Gelübde. *Ich will Deine Sklavin sein,* hatte sie geschrieben, *Dir zum Dienste und zu Willen, wann immer Du es wünschst und wie Du es wünschst.*

Sie hatte in dem schäbigen Zimmer gesessen und gewartet. Sie war aufgeregt, voll erregender Spannung – zum erstenmal wieder seit Jahren.

Fast zwei Wochen hatte sie gewartet, als der Brief kam. Es war nur eine kurze Nachricht: *Sonntag abend, 20 Uhr* – und die Adresse ihres ehemaligen Zuhauses.

Die Tage bis zum Sonntag hatte sie in ununterbrochener Aufregung verbracht. Dann hatte sie vor dem winzigen Spiegel neben dem Schrank gestanden und sich zurechtgemacht. Für ihn. Ganz Sklavin, in hohen Schuhen, schwarzen Strümpfen, schwarzer Seidenwäsche. Und um den Hals trug sie eine Kette.

Ihr Mantel verbarg ihre Aufmachung, als sie schließlich im Taxi zu der Villa fuhr, die einst ihr Zuhause gewesen war. Fünf Minuten vor acht war es, als sie ankam. Sie wartete vor der Haustür, bis die letzte Minute verronnen war, und drückte mit klopfendem Herzen die Klingel.

Erst nach einiger Zeit öffnete sich die Tür. Eine Hand zog sie ins Innere des Hauses. *Seine* Hand. Er sprach kein Wort, als sie sich gegenüberstanden. Einst Ehepaar – und jetzt . . .?

Mit einem Ruck riß er ihr den Mantel auf und packte sie dann am Nacken. Ins Schlafzimmer führt er mich, dachte sie, als sie von ihm vorwärtsgestoßen wurde. Aber nein, ins hintere Gästezimmer brachte er sie. Ein großer, kalter Raum, der zuvor nie benutzt worden war.

Er stieß sie hinein und zwang sie zu Boden. Sie hob unsicher den Kopf und erkannte im fahlen Licht einer Kerze das Bett, das schon immer hier gestanden hatte. Dann sah sie die Spiegel – an der Decke und an den Wänden, neben und gegenüber dem Bett. Schließlich fiel ihr Blick auf den Tisch – mit der Gerte darauf und den Lederbändern, der Maske...

»Aufs Bett mit dir, Sklavin!« befahl er da mit einer ganz fremden Stimme. Und sie ging zum Bett. »Ausziehen, alles!« verlangte er. Und sie zog sich aus. »Nun beweise mir deinen Gehorsam!« forderte er zuletzt. Und sie bewies ihn.

Sie kniete sich vor ihn, leckte ihm die Zehen, sanft und schnell, wie er es haben wollte, und spielte sich mit ihrer Zunge auf seinen Befehl hin bis zu seinem steil aufgerichteten Glied empor. In diesem Moment nahm er ihren Kopf und preßte ihn hart gegen sich. Sie mußte nach Luft schnappen, so ausgefüllt war sie von seinem Glied, das tief in ihren Rachen ragte. »Schneller!« forderte er und peitschte sie, weil sie ihm nicht schnell genug war.

Das Peitschen erregte sie beide. Die brennenden Striemen erhitzten ihren Körper, steigerten ihre Lust, und ihn trieben ihre wilden Zuckungen unter dem schwarzen Leder zum Höhepunkt. »Trink alles!« schrie er im Augenblick höchster Ekstase, und sie schluckte genußvoll jeden Tropfen.

Nur kurze Zeit gab er sich seiner Ermattung hin, dann fesselte er sie mit wenigen geschickten Bewegungen an die Pfosten des Bettes, Arme und Beine weit auseinander. Seine Finger überprüften ihre körperliche Hingabe, den Pegel ihrer Lust. Seine Zähne gruben sich in ihre aufgerichteten Brustspitzen. Sie zerrte an ihren Fesseln, flehte um Gnade, als seine Fingernägel sich in ihre empfindlichste Stelle drückten.

Für ihre mangelnde Hingabebereitschaft mußte sie büßen.

Zehnmal schlug das kantige Leder der Gerte zwischen ihre Beine. Sie raste vor Schmerz und Lust, ihr Körper zuckte und bäumte sich auf, als er danach ihre rot geschwollenen Schamlippen mit seiner Zunge balsamierte, bis sie schließlich in eine taumelnde Erlösung sank.

Später lagen sie nebeneinander, lange, ohne ein Wort. Sie genoß die Nähe dieses Mannes, der ihr einst so vertraut gewesen war – und ihr so faszinierend fremd war seit dieser Nacht. Wie phantasievoll er sein konnte, wie teuflisch sicher in seiner Härte ebenso wie in seinen Zärtlichkeiten!

»Morgen früh will ich dich nicht mehr sehen, Sklavin«, hatte er nach einer Weile gesagt. »Bevor ich aufwache, bist du verschwunden! Du wirst von mir hören.«

Sie hatte im Dunkeln gewacht und bis zum Morgen gewartet. Dann hatte sie auf Zehenspitzen das Zimmer verlassen. Mit einem letzten Blick auf ihn. Sie hatte mit leichten Schritten das Haus verlassen, die Erregung noch in sich und auch schon die Spannung auf das nächste Mal . . .

Sehr gelber Raps

Eine Fahrt ins Grüne. Ohne bestimmtes Ziel.

Wir fahren früh los, um dem Strom der Wochenendausflügler zu entkommen.

»Nimm die Karte«, sagst du neben mir im Auto.

»Ich kann nicht gut Karten lesen«, sage ich schüchtern.

Ich betrachte dich scheu von der Seite. Wie fremd du mir bist! Alles ist noch so neu für mich: dein Profil, deine Hände, die das Lenkrad umschlossen halten . . .

»Macht nichts«, sagst du lächelnd, »ich finde den Weg auch so.«

Auch deine Stimme ist mir noch fremd. Abenteuerlich. Aber das war es ja schließlich, was ich wollte: ein Abenteuer. Eine Fahrt ins Blaue mit einem Fremden. Nach zwei kurzen gemeinsamen Abendessen ein Wochenende zusammen verleben, am Meer. Sich einander ausliefern.

Du hast ein Hotel besorgt, hast du mir am Telefon gesagt. Kein Zweifel, die kommende Nacht wird unsere erste sein. Ob sie auch unsere letzte sein wird?

»Schön, wie der Raps blüht«, sagst du da und zeigst auf die gelben Felder links von dir. »Ich liebe Raps. Er ist nur hier so gelb, weißt du?«

Raps. Ich starre hilfesuchend in das Meer knalligen Gelbs und merke, wie sich Unruhe und Spannung in mir breitmachen:

82

Was ist, wenn er über mich herfällt, er sich als grausam, brutal entpuppt?

»Gleich sind wir da«, sagst du, und deine Hand legt sich auf mein Knie.

Ich lächle verkrampft. Dabei möchte ich schreien: Laß das, laß das! Ich will raus hier, will zurück! »Laß uns kurz anhalten«, bitte ich, »ein paar Schritte laufen, ich vertrage das Fahren nicht sehr gut...«

Du blickst mich erstaunt von der Seite an.

Auch dein Blick ist mir fremd. So undurchdringlich, so schwer zu deuten. Aber du hältst an.

Wir laufen nebeneinander den Feldweg entlag, werfen mit Worten: verbale Brücken über die körperliche und die emotionale Distanz.

»Komm, wir laufen durch das Rapsfeld dort drüben«, sagst du und nimmst meine Hand.

Also gut. Jetzt hilft nur noch der Sturz ins Unbekannte, Unabwägbare hinein. In die unsicheren Gefühle, ins gelbe Nichts aus kräftigen, weichen Blüten.

Gelbe Nacht um uns, schwerer, süßlicher Duft und deine Hände auf meinen Schultern. Wie groß du bist und wie mager!

»Hey«, sagst du und küßt meine Augen.

Ich gebe auf, falle in deine Arme, und gemeinsam sinken wir zu Boden. Über uns nur der Himmel, unter uns ein Polster sehr gelber Blüten. Lust...

Schweigend verlassen wir das Feld. Jetzt Hand in Hand. Die Kleider sind zerknittert. Die Fremdheit ist geblieben. Und auch die Spannung.

Im Auto rauchst du. Auch eine Angewohnheit, an die ich mich erst gewöhnen müßte, wenn...

»Jetzt aber los!« sagst du. »Die Gräfin erwartet uns.«

»Welche Gräfin?«

»Eine traumhafte Frau«, lachst du, »wirklich...«

»Schau, das Meer!« Mit diesen Worten weckst du mich wenig später, nachdem ich unbemerkt neben dir eingeschlafen bin.

Richtig – kühle, salzhaltige Luft streift meine Nase. Und vor uns die Ostsee.

Du hältst vor einem weißen Haus, direkt am Strand, einem kleinen Hotel.

Die Gräfin entpuppt sich als schlohweiße Dame aus altem Adelsgeschlecht und als Hotelbesitzerin. Wir können zwischen zwei Zimmern wählen. Ich will das obere Zimmer, wegen seiner Größe, du das untere wegen der Terrasse. Wir nehmen das untere, bestimmst du. Die Gräfin lächelt: »So ist es richtig . . .«

Sie läßt uns allein im Zimmer. Ich plaziere meine Tasche dicht neben der Tür. Du bemerkst das nicht, hängst unbekümmert und gut gelaunt Hemden und eine Jacke in den Schrank, deponierst Rasierapparat, Duschgel und Haarwaschmittel im Bad. »Willst du nicht auspacken?«

»Guck mal, das Meer!« Ich rette mich auf die Terrasse. Nur weg hier, Freiheit . . .

Sand und Muscheln unter meinen bloßen Füßen. Nur wenige Ausflügler sind heute abend hier. Ich stelle fest, daß mir wohler wäre, wenn der Strand übervölkert wäre von Menschen.

Ausgeliefert. Nur ein Abendessen trennt uns von der unausweichlichen gemeinsamen Nacht. Mir kommt es vor wie ein Henkersmahl. Meine Finger krampfen sich um das Weinglas. Du lachst. Deine Zähne sind sehr weiß, sehr fremd.

Wir sind die letzten Gäste. Deine Worte rauschen an mir vorbei. Wie wird es sein? Ich ertrage das Warten nicht mehr, die Spannung, das Wissen darum, daß . . .

Mit einer Ausrede stürze ich vom Dessert weg, direkt in die Höhle des Löwen, unser gemeinsames Zimmer. Eine halbe Stunde drücke ich mich im Bad herum, dann hilft nichts mehr: In Märtyrer-Stimmung lege ich mich aufs Bett. Tu es, tu es, in Gottes Namen, schnell . . . Ich kann die Spannung, die Distanz, die Fremdheit nicht mehr ertragen.

Dann deine Stimme aus dem Wohnzimmer: »Komm, laß uns noch quatschen.«

Ich erhebe mich irritiert, gehe rüber zu dir in das andere Zimmer und setze mich auf das alte rote Sofa. Die hinterste Ecke suche ich mir aus.

Du holst die Bettdecke und deckst fürsorglich meinen fast nackten Körper zu. Dann reichst du mir ein Glas Wein.

In diesem Augenblick beginne ich dich zu lieben. Die Fremdheit verfliegt, weicht einer tiefen Lust auf dich, auf deine Nähe.

Sehr viel später – unerträglich viel später – küßt du mich, meine Brüste, den Bauch, meinen Mund. Wie vertraut mir dein Lächeln ist, deine Stimme, deine Zähne, die sehr weiß sind.

Die Nacht ist endlos . . .

Am Morgen schweigen wir uns an. Die Nähe tut weh auf der Rückfahrt.

Abschied.

Eine einzige Nacht. Ebenso endlos wie endgültig. Erleben und vergessen.

Das Abenteuer ist zu Ende. Ein für allemal vorbei.

Ein paar sehr gelbe Rapsblüten verblühen langsam in meiner Vase . . .

Mein Geliebter!

Mein Geliebter!

Noch vier Wochen, bis Du wieder nach Hause kommst. Wochen der Sehnsucht, der Einsamkeit und Enthaltsamkeit, Wochen ungestillter Lust.

Keine Nacht vergeht, auch kein Tag, an dem ich nicht an uns, an Dich, an unser Zusammensein denke, mir unsere Liebesspiele in Erinnerung rufe, die erfüllenden Momente, die ich mit Dir erlebt habe. Und ich stelle mir vor, wie es sein wird, wenn Du wiederkommst, heute in genau vier Wochen.

Du wirst abends kommen, Deine Maschine landet kurz nach neun. Eine halbe Stunde später werde ich Deinen Wagen in die Garage fahren hören. Du wirst die Tür zur Wohnung öffnen, und dann... Nein, ich werde nicht hinter der Tür stehen, Dir um den Hals fallen, wie die vielen Male zuvor. Diesmal habe ich etwas anderes vor.

Auch diesmal werde ich Dich erwarten, sicher. Aber auf ganz besondere Art. Ich werde Dich so empfangen, wie ich es mir seit langem wünsche. Diesen Wunsch wage ich erst jetzt, vielleicht wegen der Distanz, zum Ausdruck zu bringen.

Du wirst also eintreten und mich nicht hinter der Tür finden, im ganzen Wohnzimmer nicht, auch nicht in der Küche oder im Badezimmer. Du ahnst, wo ich sein werde: im Schlafzimmer.

Doch das Schlafzimmer wird verändert sein. Alle Möbel werden verschwunden sein, auch unsere vertrauten Ehebetten.

An ihrer Stelle wird sich ein Podest befinden mit riesigen Matratzen, weichen Fellen, unzähligen Kissen. Die alten Bilder an den Wänden wirst Du im Keller beim Gerümpel finden. An ihrer Stelle werden Spiegel hängen – große Spiegel, die unser Liebeslager zeigen werden, uns beide, von jeder erdenklichen Seite. Und der ganze Raum wird in ein sanftes Licht getaucht sein, vielleicht sogar in Kerzenschein. Im Hintergrund ertönt leise Musik. Erstaunt wirst Du Dich umsehen, zögernd näher treten.

Dann erst werde ich mich Dir präsentieren, nur in Seidenhöschen und Negligé gehüllt, das Haar offen, wie Du es liebst. »Guten Abend, mein Geliebter«, werde ich sagen, »herzlich willkommen.«

Ich werde Dir die Jacke abnehmen, den Koffer, den Schirm. Ich werde vor Dir niedersinken, Dir die Schnürsenkel öffnen, Dir die Schuhe und Strümpfe ausziehen. Du möchtest protestieren, aber ich werde schneller sein und Deinen Mund mit Küssen verschließen. Dabei öffne ich Dein Hemd Knopf für Knopf, streife es in zärtlichen Bewegungen von Deinem Körper. Auf Knien dann, öffne ich den Gürtel Deiner Hose, den Knopf, den Reißverschluß, und streife die Hose ab. Danach, ein bißchen aufgeregt, Deinen Slip.

So stehst Du vor mir, Du, ganz Mann, mein Mann, mit Deinem schlanken, muskulösen Körper. Ich knie noch immer. Du hebst mein Kinn, zwingst mich, in Deine Augen zu sehen, die voller Erstaunen sind. Doch ich werde meinen Blick senken. Nichts fragen, nichts sagen, nur fühlen.

Ich nehme Deine Hand, führe Dich auf unser Liebeslager, bette Dich auf den Rücken, so wie es für Dich am bequemsten ist.

Dann bedecke ich Dein Gesicht, Deinen Hals mit sanften

Küssen. Deine Bartstoppeln, nach der Rasur am Morgen schon wieder gewachsen, pieksen dabei in meine Lippen. Meine Hände streicheln über Deine behaarte Brust, gleiten hinunter zum Bauch. Du schließt die Augen. Ich grabe mein Gesicht in Deine Achseln mit ihrem bittersüßen Duft.

Meine Hände tasten sich weiter, über Deine kantigen Hüftknochen zu Deinen festen Schenkeln, den Knien, zu den Füßen und wieder hinauf zu den Schenkeln. Du stöhnst leise.

Behutsam drücke ich Deine Beine ein wenig auseinander, Dein Glied hat sich aufgerichtet, hart und stolz streckt es sich mir entgegen. Doch erst versenke ich mein Gesicht in Deinem weichen gekräuselten Schamhaar, nehme zärtlich Deine Hoden zwischen meine Lippen und streichle dabei langsam zwischen Deinen Beinen entlang. Dein Stöhnen wird lauter, Dein Atem geht schneller, Dein Penis streckt sich erwartungsvoll in Richtung meines Mundes.

Nein, noch nicht! Erst küsse ich nochmals den Bauch, lasse meine Zunge hoch zu Deiner Brust wandern. Die empfindlichen Spitzen haben sich aufgerichtet. Ich nehme sie zwischen Daumen und Zeigefinger, reibe sie sanft, dann knabbere ich ein wenig mit den Zähnen an ihnen, so wie Du es oft bei mir getan hast. Sie werden noch härter, Du wirst unruhig, bewegst Dich unter mir.

Nun erst bette ich meinen Kopf auf Deinen Schenkel, meine Zunge fährt über den Schaft Deines angeschwollenen Gliedes, von der Wurzel bis zur Eichel. Dort verweile ich. »Komm, komm«, bettelst Du leise. Geduld, Liebster, Geduld!

Eine ganze Weile genieße ich mein Spiel mit der Zunge, dann umschließen meine Lippen Deine Penisspitze und zwingen Dein Glied in meinen feuchten, warmen Mund. Langsam bewege ich ihn auf und ab. Dein Stöhnen wird stärker, Deine Bewegungen werden unkontrolliert, ein erster Tropfen aus Deinen Samensträngen benetzt meine Zunge. »Du, du!« keuchst Du, nun schon dem Höhepunkt ganz nah.

Aber ich möchte Dich in mir spüren, tief in meinem Bauch. Ich knie' mich über Dich, führe Dein Glied an meine feuchte Grotte, vereinnahme es mit einem kurzen, heftigen Stoß und bewege mich auf und ab, vorsichtig zunächst, dann schneller, fester, härter, noch schneller, sehe dabei in den Spiegel, genieße den erregenden Anblick unserer verschlungenen, verschwitzten Körper.

Ich blicke in Dein Gesicht, das von Lust, Liebe und Glück erfüllt ist, und eine tiefe Woge der Zärtlichkeit und Liebe erfaßt mich, treibt mich zu einem Höhepunkt, wie ich noch nie einen erlebt habe, während Du mir Tropfen für Tropfen Deiner Lust schenkst. In seliger Ermattung streichst Du über mein Haar und blickst mich mit einer Mischung aus Liebe, Verwunderung und Dankbarkeit an ...

Ach, Liebster, ich wünschte, diese vier endlosen Wochen wären schon vorüber!

In aufgeregter Erwartung
    Deine Frau

In der Flüchtigkeit einer Nacht

»Er wird nicht kommen«, sagte eine dunkle Stimme neben ihr. Sie blickte erstaunt auf. Ein Fremder, groß, dunkelhaarig, mit markanten Zügen. Der, auf den sie gewartet hatte, besaß auch ein markantes Gesicht, war aber kleiner und blond.

»Er wird nicht kommen?« fragte sie langsam und blickte den Fremden ungläubig an.

»So ist es«, antwortete er. »Er überließ mir die Verabredung mit Ihnen. Also stehen Sie auf, und kommen Sie! Wir haben nicht viel Zeit.«

Sie schüttelte verwirrt den Kopf. »Ich glaube, da muß ein Irrtum vorliegen. Ich denke gar nicht daran, mit Ihnen zu gehen!«

»Lassen Sie das Denken, und kommen Sie gefälligst! Wollen Sie unbedingt noch mehr Leute auf uns aufmerksam machen?«

Sie blickte sich um. Tatsächlich – einige Menschen in dem Café musterten sie bereits mit unverhohlener Neugier. »Na gut«, sagte sie, »ich komme mit Ihnen hinaus, da ich hier kein Theater will. Aber wenn Sie glauben, ich ginge einen Schritt weiter, nur einen Schritt, dann irren Sie sich gewaltig!«

Er warf einige Münzen auf den Tisch und blickte sie lächelnd an. In diesem Lächeln lag die kalte Selbstsicherheit eines

Mannes, der genau wußte, daß sie viel, sehr viel weiter gehen würde.

Als sie das Café verlassen und die Straße überquert hatten, erstarb sein Lächeln. »Keine Szene, Teuerste! Diese Verabredung hat mich einiges gekostet. Und ich denke nicht daran, Sie zu entlassen, bevor ich nicht voll auf meine Kosten gekommen bin. Also hier hinein, und keine Widerrede!« Mit diesen Worten öffnete er die Beifahrertür eines silberfarbenen Mercedes und sah sie drohend an.

Clarine wußte nicht, wie ihr geschah. Stumm vor Schreck stieg sie wie von einer fremden Hand gesteuert in den Wagen.

Ohne weitere Erklärung schloß er die Tür, ging um das Auto, setzte sich selbst auf den Fahrersitz, ließ den Motor an und fuhr stadtauswärts davon.

Sie fuhren stundenlang durch die weite Ebene, durch Wälder und Dörfer, über Brücken, an Flüssen entlang. Dann hielt der Wagen plötzlich inmitten eines Waldes an.

»Den Rest des Weges werden wir zu Fuß gehen«, sagte der Fremde.

Clarine stieg aus. Ihre Gliedmaßen waren vom langen Sitzen ebenso kraftlos wir ihre Abwehr. Irgendwann während der Fahrt hatte sie ihren inneren Widerstand gegen diese unglaubliche Situation aufgegeben. Sie war beileibe nicht das Mädchen, das sich zu jedem Abenteuer verführen ließ. Daß sie sich ergeben hatte, lag vielmehr in der Eindringlichkeit, ja der beinahe unverschämten Selbstsicherheit des Fremden begründet, der sie behandelte, als sei ihr Widerstand nichts mehr als ein unnützes Hindernis, das seinen überlegenen Wünschen und Vorhaben ohnehin nicht standhalten konnte.

Die Abenddämmerung brach bereits herein, als der Fremde in einen kleinen Waldweg einbog und sie anwies, dicht hinter ihm zu bleiben. »Sonst wird vielleicht ein anderer das

Vergnügen mit Ihnen haben, für das ich allein bezahlt habe – und das wollen wir doch beide nicht«, höhnte er.

Clarine erwiderte nichts. Sie mußte sich ganz darauf konzentrieren, den Fremden trotz des abnehmenden Tageslichts nicht aus den Augen zu verlieren.

So schritten sie eine lange Zeit lautlos durch den dichter werdenden Wald.

Clarine mußte an die Geburtstagsfeier denken, zu der sie heute abend eingeladen war, an die erstaunten Gesichter ihrer Freunde, wenn sie nicht erscheinen würde. Und sie mußte auch daran denken, wie verärgert ihre Vorgesetzte morgen früh sein würde, wenn sie bemerkte, daß sie nicht zum Dienst erschienen war, gerade an diesem Tag, an dem es so dringend erforderlich war, daß jeder sich voll und ganz einsetzte.

Clarine lächelte in sich hinein. Irgendwas gefiel ihr an dieser Vorstellung: daß sie ihre alltägliche Umgebung mit all ihren Problemen und den an sie gerichteten Erwartungen einfach zurückließ. Das alles schien schon so lange zurückzuliegen, schien so unwichtig, so unbedeutend. Wichtig war nur das Hier und Jetzt, wichtig war, daß sie trotz der völligen Dunkelheit, die sich nun ausgebreitet hatte, nicht stolperte, und vor allem, daß sie ihn, den Fremden, nicht aus dem Blick verlor.

Nach einiger Zeit brach der Mond durch die Wipfel der hohen Tannen und spendete etwas Licht. Immer noch gingen sie schweigend hintereinander her.

Clarine ertappte sich überrascht dabei, wie sie beinahe verzückt den Rücken ihres Entführers betrachtete. Ja, ein Entführer – nichts anderes war er. Ein Fremder, der sie gegen ihren Willen hierher gezwungen hatte. Trotzdem konnte sie nicht umhin, seine sehnigen Arme und die breiten Schultern zu bewundern. Welche Kraft von ihm ausging! Seine Bewegungen strahlten dieselbe Sicherheit und Härte aus, die vorhin sein Blick vermittelt hatte und die wenigen Worte, die er an sie gerichtet hatte. Mit kraftvollen und doch geschmeidigen Schritten ging er vor ihr her.

Sie hatte sich gerade vollends seinen Bewegungen ergeben, da hielt er jäh an. Sie blickte fragend in sein Gesicht, aber er schaute mit einem Lächeln an ihr vorbei. Da folgte sie seinem Blick und sah auf einer Anhöhe ein hellerleuchtetes Haus, das ganz umgeben war von sich wiegenden dunklen Tannen.

»Ist es nicht ein traumhafter Anblick?« fragte der Fremde.

»Ja«, stimmte Clarine zu, »es sieht wundervoll aus.«

Er eilte nun behend auf einem kleinen Pfad in Richtung des Hauses, vorbei an Hecken und Gestrüpp, und Clarine hatte Mühe, ihm zu folgen. Der immer steiler werdende Pfad führte an einem großen, gepflegten, von einer Mauer umgebenen Garten entlang zur anderen Seite des Hauses, wo sich die Eingangstür befand.

Clarines Atem ging schnell, und ihr Herz klopfte von der Anstrengung, als sie schließlich hinter ihm den Eingang erreichte. Mit einem langen eisernen Schlüssel öffnete er die riesige Tür und schloß sie wieder ab, kaum daß Clarine hinter ihm eingetreten war.

Clarine schloß mehrmals kurz die Augen und öffnete sie ganz vorsichtig wieder, weil ihr so unwirklich erschien, was sie vor sich sah. Doch sie stand in der Tat in einer riesigen Halle, deren Decken und Wände ganz mit Spiegeln bedeckt waren, welche dem Raum eine unendliche Weite zu geben schienen. Eine geschwungene Treppe am Ende der Halle führte in die oberen Räume des Hauses. Clarine genoß die angenehme Wärme, die hier herrschte, und auch die Stille empfand sie als beruhigend.

In der hinteren rechten Ecke der Halle entdeckte sie einen langen Tisch, über dem ein Kristalleuchter hing. An den beiden kurzen Seiten des Tisches war jeweils ein einzelner Stuhl aufgestellt.

Der Fremde trat auf sie zu. »So, Teuerste, hier wären wir also«, sagte er. »Sie werden mir diese Nacht zu Diensten sein, und ich glaube nicht, daß Sie Zweifel daran hegen, daß jede Gegenwehr von Ihnen und jedes Sträuben ebenso nutzlos sein werden wie Ihre Schreie, die allenfalls von ein paar streunenden Hunden gehört werden können. Haben Sie mich verstanden?«

Clarine, vom Anblick der Spiegelhalle noch immer wie verzaubert, nickte ergeben und beeilte sich zu versichern: »Keine Angst, ich werde nicht schreien.«

»Das ist ein weiser Entschluß«, lobte der Fremde sie und ergriff ihre Hand. Während Clarine ein wenig erschreckt bemerkte, wie kalt seine Finger waren und wie roh er ihren Arm umfaßte, zog er sie quer durch die Halle zu der Treppe, die nach oben führte. »Hier hinauf!« befahl er.

Und Clarine stieg langsam die Stufen der Treppe nach oben, hinauf ins Ungewisse ...

Der Gang des oberen Stockwerks war in Finsternis gehüllt. Nur schemenhaft konnte Clarine links und rechts des Ganges mehrere Türen erkennen.

An einer dieser Türen hielt der Fremde. Er stieß sie auf und sagte: »Kommen Sie!«

Clarine folgte ihm in das Zimmer. Wie die Halle beeindruckte sie auch dieser Raum wegen seiner Weite. Sie wurde noch dadurch unterstrichen, daß sich in dem Zimmer nicht mehr als ein Bett befand. Dieses Bett war von unaufdringlicher Schlichtheit. Weder Kissen noch Decken waren darauf zu finden, nur eine bezogene Matratze verhieß etwas Bequemlichkeit.

Der Fremde stand an einem von drei riesigen Fenstern, die einen Ausblick in den nahen Wald gewährten, und sah sie an. »Ziehen Sie sich aus«, sagte er ruhig.

Clarine warf einen scheuen Blick auf das Bett und begann dann, die Knöpfe ihrer Bluse zu öffnen. Sie spürte, wie der

Fremde jede ihrer Bewegungen beobachtete, als sie ihre Bluse auszog, den Büstenhalter aufhakte und neben der Bluse zu Boden gleiten ließ, als sie sich dann ihrer Schuhe entledigte, ihren Rock abstreifte und schließlich – nach einem kaum merklichen Zögern – den weißen Slip abstreifte.

Clarine hob den Blick und suchte die Augen des Fremden. In den letzten Stunden war eine Wandlung in ihr vorgegangen, die sie sich selbst nicht erklären konnte – und auch nicht wollte. Sie hatte vergessen, wer sie war und woher sie stammte, sie hatte auch vergessen, daß dies ein Fremder war, der davon gesprochen hatte, daß er mit ihr auf seine Kosten kommen wolle. Sie konnte nicht anders, als diesen Augenblick zu genießen, das leere Zimmer, das karge Bett, den Blick des fremden Mannes dort drüben am Fenster – und ihre Lust.

Sie hatte nie zuvor eine solch eigenartige Lust erlebt. Sie fühlte eine Leidenschaft in sich emporsteigen, derer sie sich nie im Leben für fähig gehalten hätte. Sie spürte eine heiße Welle fremdartiger Erregung von ihrem Körper Besitz ergreifen und glaubte, augenblicklich zu verglühen, wenn der Fremde sie nicht endlich, endlich in seine Nähe befehlen würde.

Er aber ließ sie warten. Mit ruhigem Blick betrachtete er sie, wie sie dastand, nackt und ihm vorbehalten für diese Nacht, und spürte, wie ihre Erregung wuchs. Erst nach einer langen Zeit befahl er sie mit einer Handbewegung zu sich.

Endlich, endlich! Erlöst lief sie zu ihm. Als sie vor ihm stand, wurde sie sich seiner Körpergröße zum erstenmal bewußt und schämte sich dafür, selbst viel kleiner zu sein. Sie war gezwungen, ihren Hals zu strecken, um ihm in die Augen blicken zu können.

Er indes schenkte ihr keinen Blick, sondern sah an ihr vorbei zu der Tür, durch die sie vorhin eingetreten waren.

Erschrocken drehte Clarine sich um. Durch die Tür schritt

eine Frau in einem weißen fließenden Gewand. Sie war beinahe so groß wie der Mann, der sie in dieses wunderschöne Haus entführt hatte. Auch die Farbe ihres Haars, das bis zu ihren Hüften fiel, erinnerte an ihn. Sie war die schönste Frau, die Clarine je gesehen hatte.

»Hier ist sie«, sagte der Fremde. »Ich glaube, sie wird uns keinerlei Schwierigkeiten machen. Hab' ich nicht recht?« Mit dieser an Clarine gerichteten Frage hob er ihr Kinn mit einer zärtlichen Geste an und blickte ihr beinahe liebevoll in die Augen.

Die schöne dunkelhaarige Frau war indessen hinter Clarine getreten. »Laß dich ansehen«, sagte sie und forderte Clarine auf, sich zu ihr umzudrehen. Sie betrachtete sie prüfend von oben bis unten und lächelte dann dem Mann am Fenster zu. »Schön, mein Lieber, sehr schön. Dann laß uns beginnen.«

Fragend sah Clarine erst den Fremden, dann die Frau an, aber sie erhielt keine Antwort und konnte aus ihren Gesichtern nicht ablesen, welche Behandlung die beiden für sie vorgesehen hatten.

Dann sah sie, daß die dunkle Frau begonnen hatte, sich zu entkleiden. Der Fremde löste sich vom Fenster, ging zur Tür und verließ den Raum. Seine Schritte entfernten sich rasch. Clarine war verunsichert und spürte eine schmerzliche Sehnsucht nach der Nähe des Fremden.

Unterdessen hatte sich die dunkelhaarige Frau völlig entkleidet. Als Clarine sie betrachtete, konnte sie kaum ihre Verzückung verbergen über die makellose Schönheit ihres Körpers. Sie löste ihren Blick nicht von den wiegenden weißen Brüsten der Frau, als diese sich langsam zum Bett begab und sich auf ihm niederstreckte.

Unentschlossen wartete Clarine ab, was nun geschehen werde, als der Fremde wieder den Raum betrat. Enttäuscht stellte sie fest, daß er seine Kleidung anbehalten hatte. Doch in der Hand hielt er eine Peitsche.

Er blieb vor Clarine stehen und sah sie an. »Nun ist es soweit, meine Liebe. Du dachtest, du dürftest mir zu Diensten sein – aber daraus wird nichts. Nicht für mich wollte ich dich haben, sondern für die Frau, die dort drüben auf dem Bett liegt. Du wirst sie beglücken und ihr eine Nacht der Lust verschaffen, die sie nie vergessen wird. Und damit du nicht etwa nachlässig wirst in deinen Bemühungen, werde ich von Zeit zu Zeit damit etwas nachhelfen.« Mit diesen Worten schwang er bedrohlich die lange schwarze Peitsche vor Clarines Brüsten. »Also, zum Bett!« befahl er knapp.

Clarine beeilte sich, zu dem Lager zu treten, von dem aus die schöne Frau ihr mit ausgebreiteten Armen und gespreizten Beinen erwartungsvoll entgegensah. Sie schluckte. Nie hatte sie das Bedürfnis verspürt, eine Frau körperlich zu lieben. Doch der Anblick des Fremden, der wieder ans Fenster getreten war und jede ihrer Bewegungen kritisch beobachtete, verlieh ihr ungeahnte Kräfte und nahm ihr die Hemmungen. Sie stellte sich vor, wie er mit ihr verfahren würde, läge sie nun statt der anderen auf dem Bett, und diese Vorstellung ließ sie mutig werden.

Sanft fingen ihre Finger an, über den Hals der Frau zu gleiten und sich vorsichtig ihren Brüsten zu nähern. Kaum hatten sie deren Ansatz erreicht, da begannen schon die dunklen Warzen sich zu kräuseln und die Spitzen sich aufzurichten. Clarine verstand, wozu der fremde weibliche Körper sie aufforderte, und bestieg vorsichtig das Bett, um, nachdem sie sich rittlings auf die andere gesetzt hatte, mit beiden Händen deren Brustwarzen zu massieren. Die Frau schloß die Augen und begann leise zu wimmern. Clarine nahm eine der Warzen in ihren Mund und begann erst sanft, dann fordernder daran zu saugen. Sie war überrascht, welch ein Wonnegefühl es ihr selbst bereitete, die groß und steif gewordene Brustspitze zwischen den Lippen zu spüren.

Das Stöhnen der anderen Frau wurde lauter, als Clarine ihre

Hand langsam über die weiße Haut hinunter zu der von dichtem schwarzem Haar umrahmten Scham gleiten ließ. Wie automatisch schoben sich die Beine der Frau noch ein wenig weiter auseinander, und Clarine gab dem wollüstigen Drang nach, einen Finger in die verführerische Grotte zu drängen. Die Hitze und die Feuchtigkeit, die sie empfingen, zeigten ihr, wie sehr die fremde Frau darauf gewartet hatte, dort berührt zu werden. Sie schob die von dichtem Haar besetzten Lustlippen auseinander und fand darunter ein Paar verletzlicher kleinerer Lippen, die sie zärtlich rieb. Stöhnend bewegte sich die schöne Frau unter Clarines Fingern, und je tiefer sich diese vorwagten, desto wilder reagierte ihr Körper.

Clarine glaubte schon an ein leichtes Spiel mit der Lust der Fremden, als diese plötzlich die Hand der anderen fortschob und ihre Beine anzog. Clarine begriff diese Aufforderung nicht und blickte die Frau ratlos an, als sie ein beißender Peitschenhieb von hinten traf. Schmerzerfüllt schrie sie auf. In ihren Schrei hinein folgte ein zweiter und noch ein dritter Hieb von brennender Schärfe, die Clarine für kurze Zeit den Atem nahm.

»Sie möchte geleckt werden, Teuerste. Na, wird's bald? Runter mit dem Kopf – und wehe, es gefällt ihr nicht!« drohte der Fremde.

Clarine, die Mühe hatte, ihre Tränen zurückzuhalten, senkte fügsam ihren Kopf und grub ihn – beinahe schutzsuchend – in das warme, feuchte Dreieck zwischen den schlanken Beinen der fremden Frau. Unwillkürlich sog sie den Duft der Lust ein, der ihr entgegenströmte, und war überrascht, welch ein süßes Aroma aus diesen tiefen Windungen aufstieg.

Clarine streichelte die dunklen Lippen mit ihrer Zunge, erst langsam, dann immer schneller. Sie merkte, wie die steigende Erregung der anderen auch auf sie selbst übergriff, und bald bewegten sich beide im gleichen Rhythmus der Lust. Clarine drängte ihre Zunge zwischen die fremden weiblichen Lippen, und nach einiger Zeit fand sie das Knötchen, das sich steil aufgerichtet hatte. Nach mehreren kreisenden Zungenschlägen, die bei der anderen ein lautes Stöhnen der Lust hervorriefen, konnte Clarine nicht anders: Sie umschloß den Kitzler mit ihren Zähnen und begann erregt daran zu knabbern.

Der Schmerzensschrei der anderen ließ sie verstört auffahren. Wie konnte sie das wiedergutmachen? Doch noch ehe sie diese Wiedergutmachung leisten konnte, wurde sie durch die Wucht eines Peitschenhiebs auf ihr Gesäß auf die Matratze geworfen. Sie keuchte, rang nach Luft. Weitere, noch härtere Schläge folgten. Schreiend vor Schmerz krallte sie ihre Hände hilfesuchend in die Knöchel der fremden Frau.

»Weiter!« befahl der Fremde, nachdem er endlich von ihr abgelassen hatte. »Aber wehe, du bereitest ihr etwas anderes als Lust!«

Clarine, fast besinnungslos vor Schmerz, quälte sich zwischen die Beine der Begünstigten und ihren Mund an deren duftende Scham. Sie zwang sich dazu, ihre Zunge kraftvoll, aber dennoch sanft in die Lustgrotte der fremden Frau zu stoßen, und massierte dabei mit ihren Fingerkuppen die Spitzen ihrer Brüste. Ihr Zungenspiel zog sich, so schien es ihr, endlos in die Länge. Inständig flehte sie, da ihre Kräfte nachzulassen drohten, darum, daß die Frau unter ihr bald ihre Erfüllung fände.

Doch darauf mußte sie noch lange warten. Noch einmal erhielt sie mehrere Peitschenhiebe, als sie vor Müdigkeit in ihren Bemühungen nachließ und kein noch so flehender Blick zu dem Fremden am Fenster sie von ihrer Pflicht erlöste.

Es graute bereits der Morgen, als Clarine, hemmungslos vor Erschöpfung, den Anus der Frau zu bespielen begann und schließlich, als sie deren außergewöhnliche Lust an diesem Spiel spürte, drei ihrer Finger tief in den Abgrund versenkte, während ihre Zunge mit zarter Wildheit den geschwollenen Kitzler reizte.

Jetzt endlich geschah es: Zuckungen erschütterten den Körper der fremden Frau, ein Strom heißer Säfte ergoß sich über Clarines Lippen, während sie ihre Hand langsam herauszog. Glücklich vernahm sie ein dankbares Seufzen aus dem Mund der schönen Frau auf dem Bett.

Erschöpft, wenn auch körperlich unbefriedigt, bettete Clarine ihren Kopf auf den schlanken Bauch der Frau und hielt ihre weißen Brüste zärtlich umfaßt.

Sie war glücklich. Glücklich, weil sie diese Frau befriedigt hatte. Glücklich, weil es vorbei war. Glücklich, obwohl die schmerzenden Striemen auf ihrem Rücken und ihrem Po sie an einem erholsamen Schlaf hindern würden.

Viel zu bald erklang die Stimme des Fremden hinter ihr: »Stehen Sie auf, und kleiden Sie sich an! Es ist Zeit.«

Clarine folgte diesem Befehl ohne Zögern. Sie erhob sich mühsam und stieg mit zitternden Bewegungen in ihre Kleider, die ihr fremd vorkamen. Daß diese Kleider noch gestern morgen in ihrem Kleiderschrank zu Hause gehangen hatten, erschien ihr geradezu unglaublich. Es kam ihr vor, als sei sie seit Ewigkeiten hier, als gehöre sie hierher, zu diesem Fremden und auch zu dieser Frau, deren Herkommen so geheimnisvoll und die ihr doch so vertraut war. Überhaupt: Um wieviel vertrauter schien ihr diese Welt zu sein als die andere, aus der sie erst gestern entschwunden war.

Als sie, dem Fremden auf dem Fuß folgend, das Zimmer verließ, warf sie einen letzten Blick auf die schöne Frau, die jetzt schlief. Ein heißes Glücksgefühl durchfuhr sie bei ihrem Anblick. Ich habe sie glücklich gemacht, dachte Clarine froh und spürte den süßen Geschmack ihrer Lust auf den feuchten Lippen.

Bedächtig stieg sie die geschwungene Treppe hinunter, noch einmal erfüllt von Erstaunen über die Weite und Größe der Spiegelhalle. Dann glitt sie hinter dem Fremden durch die Tür, aus dem Haus.

Wie am Abend zuvor schritten sie schweigend hintereinander den Waldweg entlang. Erste Sonnenstrahlen verirrten sich durch die dichten Tannen. Es würde ein schöner Tag werden. Richtig, war sie nicht heute mit den anderen zum Baden verabredet? Widerwillig erinnerte sie sich daran. Und wußte: Mein Platz ist hier, bei ihm und ihr, und nicht zwischen ein paar lärmenden Langweilern in einem überfüllten Schwimmbad.

Plötzlich liefen ein paar heiße Tränen über ihre Wangen. Eine schmerzvolle Sehnsucht nach dem Mann vor ihr ergriff sie, der ohne ein Zeichen von Müdigkeit mit denselben kraftvollen und leisen Schritten den Weg zurückging, den er gestern gekommen war. Aber sie sprach ihn nicht an – so unnahbar erschien er ihr.

Sie erreichten den silberfarbenen Wagen, und Clarine setzte sich wortlos neben ihn.

Sie fuhren stundenlang durch die weite Ebene, durch Wälder und Dörfer, über Brücken und an Flüssen entlang. Sie erreichten die Straße, die stadteinwärts und sehr bald zu ihrer Wohnung führte, und Clarine fragte sich nicht, woher er ihre Adresse kannte.

Dann hielt der Wagen an vor ihrem Haus, das ihr kleiner und schäbiger vorkam als jemals zuvor.

»Da wären wir«, sagte der Fremde, stieg aus und öffnete auch ihr die Tür.

Vor dem Haus blieb er stehen. »Nun«, sagte er, »leben Sie wohl!«

»Bitte«, sagte Clarine mit bebender Stimme und schmerzendem Herzen, »ich will nicht hierbleiben, ich möchte bei Ihnen bleiben!«

»Unsinn«, sagte der Fremde, »ich habe nur für eine Nacht bezahlt.«

Er wandte sich um und ging. Groß, dunkel und fremd. So, wie er einen Tag zuvor plötzlich vor ihr gestanden hatte.

Lust der Begierde

Ein Sommerabend in der Stadt. Ich laufe die lange dunkle Straße entlang. Meine hohen Absätze klappern auf dem Asphalt. Die Luft ist drückend und schwül, es riecht nach Schweiß und Moschus, nach Obst und Gemüse, nach Sonnencreme und überreifen Trauben und Pflaumen, die in der Sonne platzen.

Der Duft von Schweiß und Obst vermischt sich mit dem modrig-kalten Geruch, der mir unvermittelt aus offenen Kellerfenstern entgegenströmt. All diese Düfte scheinen sich zu vereinen, um Lust, Phantasie und Begehren zu wecken und das verkrampfte Fleisch dazu zu verführen, sich gehenzulassen.

Ich überquere die Tomsey-Brücke, laufe von der Sixth Avenue zum Tomkins-Platz. Verschwitzte Gestalten kommen mir entgegen mit von der Sonne verbrannten Gesichtern, Kinder mit Schokoladeneisrändern um die Münder, Frauen in viel zu kurzen Röcken – und vor allen Dingen Männer, alte und junge, große und kleine, dicke und dünne, alle den heißhungrigen Blick des Begehrens auf meine Brüste gerichtet, diesen verschwommenen, glasigen Blick, der dann schnell weiterwandert über meinen nackten Bauch und den knappen roten Seidenrock hinunter zu meinen nackten braunen Beinen, die in hochhackigen roten Sandalen stecken.

Wie kurz sind diese Begegnungen mit wildfremden Männern: Ein Abtasten mit den Augen von oben nach unten und noch einmal zurück nach oben, dann ein schneller Blick in meine Augen, damit ich ihre Lüsternheit mit auf den Weg nehmen kann – das war's schon. Denn keiner spricht mich an. Selbst das Hinterherpfeifen scheint ihnen heute zu strapaziös zu sein.

Es liegt an der Hitze, nicht an der mangelnden Attraktivität deiner Beine, versuche ich mich zu trösten. Obgleich ich mir immer einrede, mir aus der Bewunderung fremder Männer rein gar nichts zu machen. Welch ein Blödsinn!

Natürlich genieße ich ihre schmachtenden oder anerkennenden Blicke genauso wie alle anderen Frauen auch. Wann bin ich schon Frau, wenn nicht in den Momenten, in denen einer von ihnen seine Zurückhaltung aufgibt und einen Vorstoß wagt über den Blick hinaus?

Nein, ich gebe es zu: Ich will beachtet und begehrt werden, ich will die Phantasien der Männer beflügeln, wenn sie mich erblicken, ich will ihre Begierde wecken, will, daß sie davon träumen, wie es wäre, wenn ...

Schließlich lebe ich davon, Begierde zu wecken. Es ist ein faires Wechselspiel – zwischen mir und den Männern, zwischen Sichzeigen und Betrachten, Lust und Geld.

Ich stiefle über unzählige Kreuzungen hin zur Third Avenue, vorbei an der Subway und dem Sooper Square. Jetzt nur noch um die nächste Ecke, durch das Tor, die Treppe hinab.

Ich klopfe mit dem verabredeten Zeichen an die Eisentür.

»Wer ist da?«

»Ich bin's, Joey – Sarah.«

Er fragt immer – auch wenn er weiß, daß nur ich es sein kann –, wohl um sich der Bedeutung seiner Stellung dort hinter der Tür immer wieder bewußt zu werden. Aus demselben Grund studiert er auch kritisch meine Aufmachung, so als sei ich ein suspekter Gast, der Einlaß begehrt und erst auf seine Seriosität geprüft werden muß, und nicht etwa...

»Du bist spät«, erklärt er mir. Und das war auch schon das Ende seiner Bemühungen, sich und uns allen seine Wichtigkeit vor Augen zu führen.

Ich tätschle begütigend seinen dicken Arm und stapfe den wie immer spärlich beleuchteten Gang entlang zu meiner »Garderobe« – wie jedenfalls in großen goldenen Buchstaben auf der rotgetünchten Holztür steht. Was sich dahinter verbirgt, spottet eher dem Anspruch dieser Buchstaben, aber außer mir und den anderen Angestellten kommt ohnehin niemand in diese heilige Stätte.

Die Luft ist angenehm kühl und riecht nach Moder. Der Geruch erinnert mich an den Luftzug aus den geöffneten Kellerfenstern vorhin auf der Straße. Ansonsten aber ist das Vorhin weit weg.

Dies hier ist eine andere Welt. Hier sitzt eine andere Frau als die, die vorhin mit beschwingtem Schritt durch die Straßen eilte. Hier sitzt der Star des Etablissements, die Königin des Abends.

Allerdings hat sie doch eines gemeinsam mit der Frau auf der Straße: ihre Lust am Betrachtetwerden. Und genau diese wirst du heute auf die Spitze treiben, nicht wahr, meine Süße? Ich lächle meinem Spiegelbild zu, das nur unscharf zu erkennen ist in dem fast blinden Spiegel, der seit fünf Jahren provisorisch auf zwei Kisten ruht.

Daneben steht eine dritte Kiste, über die irgend jemand mal ein silbernes Tuch geworfen hat, wohl um das Mobiliar so ein wenig aufzuwerten – mit mäßigem Erfolg. Alles hier ist ganz einfach, von der billigsten Art – und genau das gefällt mir!

Ich schminke mich. Ohne Rücksicht auf meine Haut trage ich Schicht um Schicht auf mein Gesicht auf, bis mir eine makellos weiße Maske entgegenblickt.

»Beeil dich!« ruft Joey von der Tür her. »Sie lassen Mona ausfallen. Du bist zehn Minuten eher dran.«

So etwas kommt häufiger vor und kann einen alten Hasen wie mich schon lange nicht mehr aus der Ruhe bringen. Zehn Minuten mehr oder weniger, zehn Pinselstriche mehr oder weniger – denen da draußen fällt es ohnehin nicht auf.

Die da draußen, das Ganze hier dient mir sowieso nur als Alibi für meine Lust an der Verwandlung, für meine Lust, ungestört vor dem Spiegel zu sitzen und mich nach Herzenslust zu schminken. Vor allem aber sind die da draußen für mich nichts anderes als willkommene Objekte für meine allergrößte Lust: mich zu zeigen.

Ich weiß, daß ich mich zeigen kann. Und ich genieße das. Schon als Kind tänzelte ich stundenlang vor dem Spiegel auf und ab, wiegte mich in den Hüften, warf spielerisch einen zu diesem Zweck umgelegten Schal in eine imaginäre Menge und spendete mir zum Schluß selbst Beifall, nachdem ich schließlich in einer lasziven Bewegung zu Boden gesunken war.

Lange war das Ganze aus meinem Gedächtnis verbannt, dank eines prüden Mannes, der am Sex ohnehin keinen Spaß hatte, wie ich feststellen mußte – aber lassen wir das, das ist ein anderes Thema.

Hier in dieser Spelunke jedenfalls warten zahlreiche Augenpaare ganz gierig darauf, mich und meine Künste zu sehen. Um ihnen zu gefallen, klebe ich mir falsche Wimpern an, tusche sie, verteile großzügig Rouge auf meinen Wangen. Den Lippenstift wähle ich ein paar Nuancen heller, trage ihn dafür dreimal so dick auf.

Jetzt fehlt nur noch die wasserstoffblonde Perücke, die ich in einer einzigen – langgeübten und deshalb sehr gekonnten – Bewegung über mein dunkles Haar stülpe.

Dann ziehe ich Sachen an, die ich später ausziehen werde: den schwarzen Stringtanga, die ebenfalls schwarze Büstenhebe,

Netzstrümpfe, die an dem schwarzen Tanzgürtel befestigt werden, den goldfarbenen Rock mit dem passenden Top, lange Spitzenhandschuhe, einen Schal sowie Schuhe, die so hoch sind, daß ich mich plötzlich in voller Größe in dem halbblinden Spiegel dieser sogenannten Garderobe sehen kann.

Und dann muß ich hinaus. Joey fuchtelt schon aufgeregt mit den Armen. Aber das tut er jeden Abend, es hat nichts zu sagen.

Die Luft im Raum ist rauchgeschwängert, der Saal knapp zur Hälfte besetzt. Als sich meine Augen an den Rauch und die Dunkelheit gewöhnt haben, erkenne ich vereinzelt Männergesichter mit gierig aufgerissenen Augen. Verächtliche, zärtliche, bewundernde, fordernde Blicke konzentrieren sich auf mich. Ganz ruhig stehe ich auf der Bühne, bewegungslos, wortlos.

Machtkampf. Wer hat Gewalt über wen?

Ich genieße diesen Moment – auch wenn diese Frage nicht geklärt wird. Ich genieße jeden einzelnen dieser begehrenden Blicke, die schon jetzt auf mir ruhen. Ich weiß, daß sie gleich noch viel begehrender werden.

Auf der kleinen Bühne drehe ich mich zur Wand, wende dem Publikum den Rücken zu. Das ist das Zeichen für Harry: Die Musik setzt ein. Langsame, schwere Töne, die jede meiner Bewegungen unterstreichen.

Ich lasse die Hüften kreisen wie schon als Kind und spüre die Blicke der Männer auf meinem Nacken, meinem Rücken, meinen Beinen.

Lange bewege ich mich so, mit wiegenden Hüften, den Rücken den Zuschauern zugewandt. Sonst nichts. Ich weiß, daß ich sie damit zur Ekstase treiben kann – manche zumindest. Manchmal allerdings verlieren einige die Geduld, werden wütend, beginnen sogar zu pfeifen; schließlich wollen sie was sehen für ihr Geld. Ihnen gilt es zuvorzukommen, es ist eine ständige Gratwanderung zwischen Luststeigerung und Verärgerung.

Jetzt drehe ich mich um. Vereinzelt ist Beifall zu hören, ein zaghaftes Klatschen von behaarten Männerhänden. Sie tun es für mich. Nur weil ich ihnen jetzt mein Gesicht zeige, ihnen meinen Körper von vorn präsentiere.

Das ist Kunst, meine Lieben! Das hat vor mir noch keine geschafft in diesem Laden!

Langsam ziehe ich meinen Handschuh aus, Finger für Finger, lasse ihn, wie es erwartet wird, provozierend in der Luft kreisen und ihn schließlich zu Boden fallen. Dann der zweite Handschuh.

Jetzt besitze ich die ungeteilte Aufmerksamkeit aller Anwesenden. Selbst Joey verfolgt meine Show mit offenem Mund, obgleich er sie mindestens schon hundertmal gesehen hat.

In schlangengleichen Bewegungen gehe ich zu Boden und streife das goldfarbene Top ab. Beifall. Zu Recht: Es hat fünf Tage harte Proben gekostet, bis die Bewegung einwandfrei saß.

Dann richte ich mich wieder auf. Ein paar tänzerische Einlagen – nur um Zeit zu schinden –, dann streife ich den Rock ab. Sehr, sehr langsam ...

Beinahe verschämt wende ich mich wieder meinem Publikum zu. Laute Ah- und Oh-Rufe erklingen. Ich danke meinen Bewunderern durch ein Lächeln.

Ein Mann aus der vordersten Reihe steckt mir einen Geldschein zu. Dafür löse ich die Büstenhebe. Die anderen begreifen sofort, drängen sich nun nach vorn zur Bühne, zu mir. Blaue und grüne Geldscheine knistern im dunstigen Zigarettennebel.

Ich knie mich dicht an den Rand der Bühne, wobei ich nicht aufhöre, meine Hüften aufreizend im Takt der Musik zu wiegen. Warme Männerhände schieben Geldscheine unter meine Strümpfe. Manch einer versucht die Gunst der Stunde zu nutzen, um einen unerlaubten Umweg zwischen meine Beine zu machen – aber damit kann ich umgehen. Und die Angreifer nehmen es nicht übel, wenn ihnen für derlei Unartigkeiten tüchtig eins auf die Finger gegeben wird.

Schließlich stehe ich auf, hake Öse für Öse meiner Strapse auf und rolle in zärtlichen Bewegungen erst den einen, dann den anderen Strumpf nach unten.

Wieder Beifall. Rufe nach einer Fortsetzung ertönen. Ich lächle in die Menge und steige mit einer graziösen Bewegung aus dem Tanzgürtel.

Nun trennt mich nur noch die Winzigkeit eines Stringtangas von der endgültigen Nacktheit – und von dem Ende meiner Show.

Keiner trinkt mehr, es ist still geworden, fast so, als hätten alle das Atmen vergessen. Wieder die Gratwanderung: Nicht zu schnell alles geben, aber auch nicht zu lange warten lassen.

Meine rechte Hand streicht bewußt unschlüssig und provozierend über die Bänder des Tangas. Soll ich? fragen meine Augen.

Ja, bitte, tu es! betteln die Stimmen und die Augen der Männer.

Wollt ihr nicht selbst? fragt mein Blick neckend.

Sofort sind sie wieder da, dicht am Rand der Bühne.

Ich knie mich hin, ergeben, wie es scheint, und doch sprungbereit, falls einer gar zu aufdringlich werden sollte.

Mindestens zwanzig Hände machen sich an den dünnen Trägern meines Slips zu schaffen und zerren ihn über meine Knie nach unten. Graziös steige ich, nur noch mit den Schuhen bekleidet, heraus und richte mich auf.

Darauf haben sie gewartet, dafür haben sie bezahlt. Nun seht euch satt!

Ich drehe mich in wiegenden Bewegungen um, gehe in die Knie und genieße die geballte Erregung auf meinem Körper.

Nun eine letzte Gratwanderung: mein Abgang. Sie dürfen

sich nicht wirklich satt sehen, denn sie sollen ja wiederkommen. Aber es darf auch keiner das Gefühl haben, übers Ohr gehauen worden zu sein und nichts für sein Geld geboten bekommen zu haben. Also noch eine letzte aufreizende Drehung, ein versprechendes Lächeln – und dann mit einem flinken Griff zu den geldscheinbestückten Strümpfen hinter den Vorhang. Geschafft!

»Du warst super«, lallt mir Joey verklärt entgegen. Noch ein Tätscheln, diesmal für seinen anderen Arm, und zwei blaue Scheine wechseln den Besitzer.

Joey strahlt. So leicht kann man ihn glücklich machen.

Beim Abschminken habe ich viel weniger Ruhe als zuvor beim Schminken. Hastig entferne ich die Make-up-Spuren, wechsle die Kleider, eile den Gang entlang und durch die Tür, die Treppe hoch, zum Tor hinaus. Meine Absätze klappern aufgeregt in der Dunkelheit. Ich will nach Hause, ich will zu ihm, ich will es jetzt sofort!

Eigentlich kein Grund zur Aufregung, denn so ist es schließlich jeden Abend . . .

Warten

Warten. Auf ihn warten. Schwer ist es mir geworden in den langen Jahren des Wartens.

Immer nur warten auf ihn. Auch jetzt, hier vor seiner Tür. Warten, ob er da ist, daß er mir öffnet, daß er mich hineinbittet.

Das Warten auf ihn ist auch eine Form der Intimität, etwas, das uns verbindet, mich ihm nahe sein läßt.

Noch immer warte ich vor seiner Tür. Da – sie geht auf.

»Ach, hallo, du bist es.«

Ja, wer sollte es auch anders sein, wer wartet so lange, auch nach dem vierten Läuten, noch darauf, daß die Tür geöffnet wird?

Warten auf ein Lächeln von ihm. Für mich.

Vergebens. Aber er bittet mich immerhin hinein.

Ich stehe in dem Raum, der einmal unser Raum war und nun nur noch seiner ist – unübersehbar: seine karierte Bettwäsche, seine Socken vor dem Bett, eine Jeans zusammengeknüllt neben dem Rattansessel auf dem Boden. Die Bongos sind umgeworfen. Für wen hat er gespielt?

Warten, bis er etwas sagt. Hoffentlich dauert es nicht zu lange, sonst wird die Stille, wird unser Schweigen peinlich.

»Wie geht's?« – »Gut.« – »Mir auch.« Lügen, nichts als Lügen.

Banalgeschwätz: »Du hast unsere Fotos abgehängt.« – »Ach ja, wollte mal was anderes an der Wand haben.« Schon wieder Lügen. So viele barmherzige Lügen. Ich lächle, so gut ich kann. Erzähle von interessanten Menschen, die ich kennengelernt habe, und aufregenden Dingen, die mir passiert sind, seitdem... Wieder nur Lügen.

Und dann wieder warten. Wen hat *er* kennengelernt? Was hat er erlebt – seither, *ohne mich?*

Mein Warten wird diesmal nicht belohnt. Er schweigt sich aus. Es geht mich nichts an, geht mich nichts mehr an, dieses sein Leben, das er jetzt ohne mich führt.

Ohne zu fragen, setze ich mich in den Rattansessel, vergrabe meine Füße in seiner Jeans daneben. So berühre ich ihn, ob ihm das behagt oder nicht.

Ich lächle. Und muß unversehens feststellen, daß dieses Lächeln völlig unpassend ist, weil er soeben sein Schweigen gebrochen hat und mir erzählt, daß unser Kater – seit ein paar Monaten: *sein* Kater – gestorben ist. Grausam. Vergiftet. Er sieht wie ein kleiner Junge aus, der nicht fassen kann, wie ein Mensch einem Lebewesen so etwas antun kann, der nicht versteht, daß ein Wesen einem anderen Schmerz und Leid zufügt.

Dabei ist er der Mann, der mir den Schmerz meines Lebens zugefügt hat. Weil er nicht mehr mit mir leben will.

Warten. Er setzt sich auf den Boden. Nicht sehr weit weg von mir, stelle ich glücklich fest und wundere mich über die Unmittelbarkeit meiner Empfindungen.

Ich wünsche mir seine Nähe. Nur ein einziges Mal noch. Ohne Bedingung, ohne Klagen, ohne Fragen – ich verspreche es.

»Ich war gerade zufällig in der Gegend«, sage ich laut. Und schaue fasziniert auf seine mageren nackten Füße. Ich will sie küssen, diese Füße, oder wenigstens streicheln, sie ansehen, ganz lange... Und nicht nur seine Füße möchte ich küssen, sondern auch... Nur ein einziges Mal noch.

»Spielst du noch?« frage ich hilflos und deute auf die Bongos.

»Manchmal«, sagt er. Sonst nichts.

Und wenn ich mich auf ihn stürze, ihm gestehe, was ich fühle, was ich will? Wenn ich ihm verspreche, daß es keine Szenen mehr geben wird, keine Vorwürfe, nur Liebe und Lust? Daß zwischen uns alles viel besser klappen könnte als vorher?

»Geht die Cappuccino-Maschine noch?« frage ich nüchtern, schüchtern.

»Klar«, sagt er. Und wieder kein Wort mehr.

Ich will dich nicht besitzen, weißt du, sage ich stumm in seine Richtung. Ich habe es begriffen, zu spät, viel zu spät – aber inzwischen weiß ich es: Du mußt frei sein, frei wie ein seltener Vogel, frei und unabhängig. Und ich werde dich lassen, wann immer du gelassen werden willst. Aber komm zu mir, einfach so, laß mich noch einmal deine Haut spüren, deinen Geruch, die Wildheit deiner Bewegungen.

»Trinkst du einen Cappuccino mit, wenn ich einen mache?« frage ich.

»Ja«, sagt er.

Benommen vor Glück schwebe ich in die Küche: Ich darf Cappuccino machen! Für uns beide! In der Küche, die einmal unsere war. Er hat ja gesagt! Betörender hätte keine Liebeserklärung auf mich wirken können.

Ein verbotener Blick in den Geschirrschrank. Sind sie noch da, unsere Teller, die mit dem bunten Rand? Mein Frühstücksbecher – da steht er. Wie ein verläßlicher Fels in der Brandung. Du hast die Stellung gehalten, flüstere ich ihm liebevoll und verschwörerisch zu.

Der Cappuccino schmeckt erbärmlich. Er trinkt ihn schweigend. Viel zu schnell, wie immer.

Warten. Keiner spricht ein Wort. Ich spüre, wie die Distanz größer wird, zu groß. Schnell eine verbale Brücke zu ihm aufbauen – wenn's gar nicht anders geht, dann eben mit Bausteinen aus der Kiste »Weißt du noch?«.

Der Urlaub am Gardasee. Rom. Die letzte Party mit Stefan und Ulrike. Die Tabori-Theaternacht in Wien. Der mißratene Weihnachtsbraten. Er lacht. Er lacht! Trocken und viel zu kurz – aber er lacht! Eine heiße Welle des Glücks erfaßt meine Seele.

Schnell die Brücke nutzen, bevor sie wieder einstürzt! Beim Nachgießen berühre ich seine Hand, dann ein tiefer Blick – wie geht das noch? –, und wie zufällig setze ich mich neben ihn auf den Boden.

Hilf mir doch! So flehe ich in sein nun ganz nahes Ohr, lautlos natürlich. Sag doch was, mach doch was!

Er trommelt irgendeine Melodie mit den Händen auf den Boden. »Heiß heute.«

Ja, heiß – viel zu heiß und viel zu kalt, ohne deine Berührungen. »Vielleicht sollten wir die Jalousien schließen?« schlage ich vor.

»Wir«, habe ich gesagt. *Wir* beschließen, ob *wir* die Jalousien schließen. Mein, dein, unser – darin liegt das Glück begründet. Ich habe es zu spät begriffen.

»Okay«, meint er, steht auf und schließt sie.

Da steht er, vor dem Fenster, viel zu klein, viel zu dünn. Weiß der Himmel, was ich an ihm finde! Doch: Was ich von ihm will, weiß ich sehr genau.

Also: Steh auf, geh hin zu ihm! Sag was, um Himmels willen – vielleicht wartet er ja nur darauf. Jetzt oder nie. Moral über Bord, Emanzipation zum Teufel, ich will lieben, will ihn lieben – und zwar auf der Stelle! Wer wagt, gewinnt ... vielleicht ...

Langsam stehe ich auf und gehe auf ihn zu. Bleibe vor ihm stehen. Wie ein kleines Mädchen: hilflos, ängstlich, mit hängenden Schultern.

»Du«, sage ich. Jedes weitere Wort würde über meine Kräfte

gehen. Das einzige, wozu ich noch imstande bin, ist ein scheuer Blick in seine undurchdringlichen Augen – bittend, flehend. Nur jetzt nicht weinen, stark sein, cool sein, locker-flockig, unkompliziert!

Warten. Ich höre seinen Atem. Schon wieder spüre ich Glück. Vielleicht könnten wir einfach so stehenbleiben, so ganz nah – seinen Atem in meinem Ohr, seinen Geruch in meiner Nase…

»Laß uns ins Bett gehen«, sagt er da in seiner unnachahmlich trockenen Art, eher nebenbei, und ich segne ihn für die Klarheit seiner Ausdrucksweise.

Auf dem Bett, nackt, schauen wir uns an. Ewig. Wir atmen Mund an Mund. Wir verstricken uns ineinander. Wen interessiert noch, was mein und dein ist, was Geben und Nehmen?

Eins und eins sind mehr als zwei.

Wir schlafen zusammen, eng umschlungen, Auge in Auge, Mund an Mund. Wir implodieren, wir explodieren, wir liebkosen, wir staunen, wir rasen, wir seufzen.

Spät in der Nacht schläft er ein. Meine Augen liebkosen seinen Rücken. Alles ist diesem Rücken abzulesen: seine Verspannung, seine Hoffnungslosigkeit und seine Schmerzen, sein Selbstmitleid, seine Aggressionen und seine Leidenschaft.

Jeden Zentimeter seiner Haut möchte ich liebkosen, aussaugen möchte ich jede Zelle. Hineinkriechen möchte ich in ihn, seine Eingeweide zärtlich berühren.

Das Bild, wie er schlafend vor mir liegt, in mich aufnehmen, es in meinem Innersten bewahren und dann gehen: So muß es sein. Keine Fragen nach dem Morgen. Es ist so einfach und doch so schwer: Nichts besitzen und doch alles haben, weil ich ihn liebe.

Du mein schlafender Prinz, wie schön du bist, sage ich stumm und betrachte zärtlich sein Gesicht.

Er öffnet die Augen, verträumt wie ein kleines Kind. »Koch Kaffee«, meint er nur und dreht sich zur anderen Seite. »Aber einen gescheiten!«
Selten haben Worte so feierlich geklungen.

An einem Montag im Café

Ich weiß es noch ganz genau, es war ein Montag im Mai und für die Jahreszeit erstaunlich warm. Ich hatte nichts zu tun, schlenderte zunächst etwas ziellos durch die Passagen in der Innenstadt, beschloß dann aber, weil das Wetter so schön war, zum »Voilà« zu fahren, einem Café an der Außenalster, das an solchen Tagen immer gut besucht war.

Sie stand in der Verbindungstür, die den Innenraum des Cafés mit dem Außenteil auf dem Alsteranleger verband. Sie trug ein elegantes Kostüm, die Jacke war stark tailliert und hatte breite Schultern, wie es gerade Mode war, der enge Rock endete eine Handbreit über den Knien. Die hochhackigen Pumps ließen die Raffinesse ihrer Kleidung voll zur Geltung kommen, ohne daß es ordinär wirkte.

Ihr Gesicht war fein geschnitten, ihre Nase schmal und gerade, ihr Mund – mit einer sehr vollen Unterlippe – strahlte Sinnlichkeit aus, ihre dunklen, fast schwarzen Haare waren kurz geschnitten. Die Frisur gab ihrem Gesicht einen fast etwas jungenhaften Anstrich, der im krassen Gegensatz zu ihrer sehr weiblichen Figur stand. Ihre dunklen Augen waren nicht ganz geöffnet, und ihr Blick wirkte seltsam verschleiert, den Kopf hielt sie ein wenig gesenkt, der Mund war leicht geöffnet.

Irgendwie – ohne daß ich mir sofort erklären konnte, wie

dieser Eindruck entstand – schien ihre ganze Haltung Hingabe, Willenlosigkeit zu signalisieren.

Die Frau hatte mein spontanes Interesse geweckt. Sie schien auf jemanden zu warten. Ich stellte mich an die Bar, bestellte einen Espresso und beobachtete sie. Je länger sie wartete, desto unruhiger wurde sie. Die Sicherheit, erwartet zu werden, schwand zusehends. Immer verstohlener wanderte ihr Blick durch das Café.

Nach einer Weile trat ich zu ihr. »Hallo, darf ich Sie zu einem Glas Champagner einladen?« Ich lächelte sie an.

Sie wirkte etwas irritiert, hilflos. Ich war schon auf ein Nein gefaßt, da nickte sie stumm.

Glaubte sie vielleicht, auf mich gewartet zu haben? Doch nein, diesen Gedanken verwarf ich gleich wieder als völlig abwegig.

Als sie sich an die Bar setzte, rutschte der kurze Rock nach oben und gab den spitzenbesetzten Rand eines Strumpfes frei. Mein Herz klopfte.

Die nun folgende Unterhaltung war sehr einseitig: Ich stellte ihr Fragen, die sie fast ausnahmslos nur mit einem leisen Ja oder Nein beantwortete. Dabei sah sie mich kaum einmal an.

Ich weiß nicht genau warum, aber ich wurde mir immer sicherer, daß mein anfänglicher Eindruck richtig war.

Es wurde Zeit, daß ich meine Zurückhaltung aufgab. »Haben Sie heute noch etwas vor?«

Sie schüttelte den Kopf.

»Würden Sie mich begleiten?« Mein Ton war jetzt sehr bestimmt, und ich blickte ihr bei dieser Frage fest ins Gesicht. Sie wich meinem Blick aus, unsicher, dann aber nickte sie langsam.

Warum machte sie es mir so leicht? Irgend etwas schien nicht zu stimmen. Doch ich wollte nicht weiter darüber nachdenken, war schon viel zu sehr erregt. Ich wollte sie, und zwar so schnell wie möglich.

Während der Fahrt mit dem Auto zu mir nach Hause war sie stumm und regungslos. Nur meine Komplimente entlockten ihr ein kleines Lächeln.

Kaum daß wir die Wohnung betreten hatten, küßte ich sie – so als wäre es ganz selbstverständlich. Nur ganz kurz ging mir die Frage durch den Kopf, woher ich überhaupt den Mut dazu nahm. Ich preßte sie mit meinem Körper gegen die Wand und spürte dabei ihre vollen Brüste durch den Stoff ihrer Kostümjacke. Mit meinen starken Händen brach ich die schwache Abwehr, die sie mir entgegensetzte. Immer williger gaben ihre vollen, weichen Lippen meinem Drängen nach und erwiderten bald sanft meinen Druck. Ihre Abwehr verlor sich, ihr Körper entspannte sich, und immer bereitwilliger ließ sie meine Zunge in ihrem Mund gewähren.

Ich gab sie frei, führte sie in den Salon und bot ihr etwas zu trinken an. Ich wollte herausfinden, was mit ihr los war. Warum ließ sie sich so schnell mit mir ein? Und noch etwas wollte ich herausbekommen: Wie weit konnte ich gehen?

Ich schenkte uns einen trockenen Sherry ein und setzte mich auf einen der schwarzen Ledersessel. Dann forderte ich sie auf: »Knien Sie vor mir nieder, öffnen Sie meine Hose!«

Sie zögerte zunächst und schaute mich etwas unsicher an. Dann aber schien sie sich einen Ruck zu geben. Sie ging vor mir auf die Knie und zog den Reißverschluß meiner Hose auf. Ohne daß ich noch etwas sagen mußte, befreite sie mein Glied aus dem Slip – was ihr einige Mühe bereitete, da es bereits geschwollen war – und umschloß es mit ihren Lippen. Doch das alles ging mir fast ein wenig zu schnell. Ich nahm ihren Kopf in meine Hände, zog sie sanft nach oben und befahl ihr, sich vor dem zweiten Ledersessel auf den weichen Teppich zu knien. Sie gehorchte jetzt, ohne zu zögern.

»Legen Sie Ihren Oberkörper auf den Sessel!«

Mir war es fast unheimlich, wie willig sie meinen Befehlen nachkam.

»Ziehen Sie Ihren Rock hoch!«

Sie trug keinen Slip, sondern nur Strümpfe, die eine Handbreit unter dem Beinansatz endeten. Ihr runder weißer Po war makellos. Zwischen ihren schlanken, wohlgerundeten Oberschenkeln drückten sich ihre prallen Schamlippen heraus. Sie waren unbehaart.

Ich wußte jetzt, daß ich alles mit ihr machen konnte. »Legen Sie Ihre Hände auf den Rücken, und schließen Sie Ihre Augen!«

Ruhig trank ich meinen Sherry. Musik. Ich wollte jetzt Musik hören. Aber welche? Sie sollte zu dem passen, was ich jetzt mit dieser Frau treiben würde – aber wußte ich das denn schon so genau? Ich ließ die Kassette laufen, die gerade im Recorder war. Wagner. Also Wagner!

Langsam kniete ich mich hinter sie und begutachtete sie eingehend. Waren da nicht ein paar längliche rote Flecke auf dem sonst fast schneeweißen Po? Ich war mir nicht ganz sicher. Aber ich wollte sie auch nicht danach fragen. Jetzt noch nicht.

Leicht berührte meine Hand ihre seidig glänzenden Waden, wanderten zu den Kniekehlen und dann den Oberschenkel hinauf. Sie schauderte und schien die Luft anzuhalten. Dort, wo die Strümpfe endeten, ließ meine Hand von ihr ab, um die Bewegung zu wiederholen, wobei ich den Druck verstärkte. Sie atmete jetzt hörbar, heftiger, stöhnte leicht.

»Sie müssen Ihren Po noch mehr in die Höhe recken.«

Gehorsam tat sie es. Sanft nahm meine Hand von ihrem Geschlecht Besitz. Mit den Fingern folgte ich den Konturen ihrer Schamlippen, fühlte ihre inneren Lippen, die kaum hervorschauten, ertastete das Ende der Spalte. Gleichzeitig suchte sich mein Daumen den Weg in die Öffnung, die – gewiß von meinen Berührungen – schon feucht geworden war. Sie stöhnte auf. Die kleine Knospe am Ende ihrer Scham war deutlich zu spüren. Mein Finger ließ von ihr ab und gab

120

meinem Mund den Vortritt. Zärtlich liebkoste er ihre empfindlichste Stelle, saugte sich fest, schmeckte die Nässe.
Da meine Zunge vergeblich bis zum Kitzler vorzustoßen
versuchte, spreizte die Frau ihre Beine noch weiter, um so
meinem gierigen Mund die Gelegenheit zu geben, von
dem Zentrum ihrer Lust Besitz zu ergreifen. Ihr Stöhnen
wurde lauter, ihre Bewegungen unkontrollierter. Doch je
mehr ihre Lust zunahm, desto langsamer wurden die Bewegungen meines Mundes, desto leichter wurde der
Druck meiner Zunge, bis ich abrupt aufhörte.
Sie zitterte. Ihr war völlig unverständlich, warum ich das
für sie so lustvolle Zungenspiel unterbrochen hatte. »Sie
quälen mich.«
»Und Sie sind lüstern... Bewegen Sie sich nicht!«
Ich stand auf, holte rasch aus meinem Schlafzimmer die
lederumwickelte Reitgerte und versetzte ihr einen kräftigen Schlag quer über den Po, der sie zusammenzucken
ließ. Eine rote Doppelspur zeichnete sich ab. Vier weitere
Schläge folgten schnell aufeinander.
»Nein... nein...!« Ihre Hände versuchten den Po abzu-
decken, als wollten sie die Schläge abwehren – und spiel-
ten doch nur ein Spiel.
Ihr Körper zitterte noch immer, als mein Mund sich wieder auf ihr Geschlecht preßte und das jäh unterbrochene
Liebesspiel wiederaufnahm. Allmählich trieb sie dem Höhepunkt ihrer Lust entgegen, diesmal ohne Unterbre-
chung.
Erschöpft kniete sie vor mir, den Oberkörper jetzt ent-
kräftet auf den Sessel gebettet. Sanft zog ich sie an mich,
umarmte sie von hinten, streichelte ihr über das Haar,
knöpfte ihre Jacke auf und streifte sie ihr vom Körper.
Kaum war dies geschehen, legte sie ihre Hände wieder auf
den Rücken. War sie so gut erzogen?
Unter ihrer Jacke trug sie ein kurzes Seidenhemdchen mit

schmalen Trägern, dessen Grau gut zu dem violetten Kostüm paßte. Geschmack hatte sie – oder die Person, die sie eingekleidet hatte. Ihre Brüste zeichneten sich voll und rund unter der Seide ab.

Ich stand auf, um Champagner und zwei Gläser zu holen, öffnete die Flasche und schenkte uns ein. Dann kniete ich mich wieder neben sie. »Trinken Sie!«

Wir tranken schweigend. Wie nur konnte ich etwas über sie erfahren? Während ihr Kopf sich leicht an meine Schulter schmiegte und ihre Hände mein immer noch geschwollenes Glied ertasteten und es zart berührten, umfaßten meine Hände ihre Brüste und massierten sie zärtlich.

»Sie werden häufiger geschlagen?«

Sie nickte fast unmerklich.

»Mögen Sie es?«

»Ja... nein... doch, ja...«, hauchte sie. »Aber ich habe immer Angst vor dem Schmerz, der vor der Lust kommt.«

Mein Glied pochte heftig unter dem gekonnten Spiel ihrer Hände.

»Wer sind Sie? Was sind Sie? Wieso...«

»Fragen Sie mich bitte nicht, ich kann es Ihnen nicht sagen«, unterbrach sie mich.

Ich merkte, daß es jetzt keinen Sinn hatte weiterzufragen; sie würde mir nicht antworten. Gut, dachte ich, ein wenig ärgerlich geworden, dann werde ich mich jetzt ganz und gar auf meine Lust konzentrieren – ohne Rücksicht.

Ich erhob mich, stellte mich vor sie und schob mein Glied in ihren Mund, der sich bereitwillig öffnete. Sie wollte es zärtlich liebkosen, ich aber wollte ihre Mundhöhle wie eine Vagina benutzen, wollte diese Frau jetzt erniedrigen. Ich hielt ihren Kopf ganz fest zwischen meinen Händen. Sie sollte mich tief in ihrer Kehle spüren und keine Chance haben, sich meinem Rhythmus zu widersetzen.

Bei jedem Stoß schlossen sich ihre Lippen fest um mein

Glied. Ich wußte, es war nicht angenehm für sie, mein Geschlecht immer wieder in seiner ganzen Länge in ihrem Mund aufzunehmen; ich wußte, daß sie mit einem starken Würgegefühl zu kämpfen hatte. Doch angenehm sollte es ja schließlich auch nicht sein für sie!

Meine Stöße wurden härter, der Rhythmus schneller. Sie konnte ihren Speichel kaum noch schlucken, keuchte, rang nach Atem.

Nein, noch wollte ich nicht zum Orgasmus kommen. Sie sollte noch einmal gepeitscht werden. Widerstandslos beugte sie sich auf meinen Befehl hin nach vorn. Diesmal sollte sie zehn Schläge bekommen, die ich mit ganzer Kraft ausführen wollte.

Die ersten drei Schläge ertrug sie ruhig, beim vierten jedoch schrie sie auf. Ich schob ihr ein kleines Kissen zu. »Beißen Sie hinein!«

Nach dem sechsten Schlag wankte sie, versuchte der Peitsche auszuweichen, ihr Oberkörper bäumte sich auf.

»Bleiben Sie liegen, ich müßte Sie sonst fesseln! Sie werden doch wohl die letzten vier Schläge auch noch aushalten können!«

Sieben... acht... neun... Sie schluchzte vor Schmerz auf... zehn. Dort, wo die Striemen, die die Peitsche hinterlassen hatte, sich überschnitten, waren sie tiefrot und bildeten einen schönen Kontrast zur weißen Haut ihres Gesäßes.

Mein Glied drückte sich gegen ihre hintere Körperöffnung, drängte dann vorsichtig vorwärts. Ich merkte, daß sie dort ein wenig feucht war, so als sei sie darauf vorbereitet. Langsam überwand ich den Widerstand ihres Muskels. Sie mußte dieses Spiel gewohnt sein, denn sie war äußerst geschmeidig und verkrampfte sich nicht. Mit gleichmäßigen Stößen drang ich immer tiefer in ihren Anus. Bald vermischte sich ihr lustvolles Stöhnen mit meinem.

Abrupt zog ich mein Geschlecht aus ihr heraus. »Setzen Sie sich jetzt auf die Fersen!«

Wieso faszinierte mich ihre Bereitschaft so, ihre völlige Hingabe?

»Nehmen Sie mein Geschlecht in den Mund, liebkosen Sie es!« Wie er mich erregte, dieser Gedanke: mein Glied, eben noch in ihrem Po, jetzt in ihrem Mund!

Ihre Lippen schmiegten sich fest um die empfindliche Spitze meines Gliedes, gleichzeitig umspielte ihre Zunge den Eindringling.

Würde ich noch mal meinen Orgasmus hinauszögern können? Ich nahm es mir vor. Denn ich glaubte zu wissen, daß ich noch nicht an die Grenze dessen gelangt war, wozu diese Frau bereit war.

Sanft zog ich mich aus ihr zurück. »Hat man Sie auch auf die Brüste geschlagen?«

Sie sah erschrocken zu mir auf, senkte dann aber sofort ihren Blick, umklammerte meine Hände, scheu und verängstigt.

Ich zwang sie, mir in die Augen zu sehen, und wiederholte meine Frage – blieb jedoch abermals ohne Antwort.

Ich befahl ihr, in ihrer Haltung zu verharren, ging ins Schlafzimmer und holte einige Lederschnüre. Dann schob ich ihr die Träger ihres Hemdchens über die Schulter und sah nun zum erstenmal ihre nackten Brüste, die voll und schwer waren.

»Verzeihen Sie mir – aber ich werde jetzt Ihre Brüste abbinden. Ich werde sie auch schlagen, mit zärtlicher Kraft, aber ich werde ihre Schönheit nicht zerstören.«

Mehrmals schlang ich die Schnüre ober- und unterhalb der Brüste um ihren Oberkörper, wobei ich zugleich ihre gekreuzten Hände auf ihrem Rücken fixierte. Dann zog ich die Schnüre fest und begann jede Brust im Ansatz zu schnüren, bis sie prall vom Körper abstand.

Dies alles ließ sie regungslos über sich ergehen. Auch, daß ich mit dem Mund an ihren Brustwarzen saugte, bis die Spitzen steif und fest wurden.

Dann griff ich zu der Peitsche.

»Bitte nicht«, flehte sie leise, »bitte tun Sie es nicht!«

Mit einem Kuß hauchte ich ihre Bitte von ihren Lippen. Dann ließ ich die Peitsche schmerzhaft auf ihre prallen Brüste sausen, achtete aber darauf, daß ich die empfindlichste Stelle nicht traf.

Sanft drehte ich sie um und drückte ihren Oberkörper wieder in den Sessel, ergriff mit meinen Händen ihre Brüste und drang von hinten tief in ihre Vagina ein. Ich stieß wieder und wieder zu, versuchte meine Bewegungen zu verlangsamen, wurde durch ihre Schreie aber immer erregter, verlor ganz und gar die Kontrolle über mich – um mich dann im Moment höchster Lust in ihr zu entladen.

Langsam normalisierte sich unser Atem wieder. Ich ließ meinen Oberkörper auf ihren Rücken sinken und spürte ihre Hände an meinem Bauch. Nach einigen Minuten der Regungslosigkeit zog ich mich aus ihr zurück und befreite sie dann von der Fessel. Zärtlich nahm ich sie in meinen Arm, wiegte sie ein wenig und massierte sanft ihre strapazierten Brüste.

Sie schmiegte sich an mich – zufrieden, glücklich, wie mir schien.

»Sie sind phantastisch. Woher...«

Sie schloß meinen Mund mit ihrem Zeigefinger und lächelte. »Fragen Sie nicht.«

Das Klingeln des Telefons unterbrach uns. Ich versuchte es zu ignorieren, doch die Hartnäckigkeit des Anrufers ließ mich zu guter Letzt doch ins Arbeitszimmer hinübergehen. Es war ein Freund, der das merkwürdige Talent hatte, immer zum falschen Zeitpunkt anzurufen. Ich fertigte ihn höflich, aber bestimmt ab und eilte zurück ins Wohnzimmer.

Sie war verschwunden. Keine Spur von ihr. Doch, neben dem Aschenbecher, in dem noch das Ende einer Zigarette glimmte, ein Streichholzheftchen. »Café Sieben« stand darauf.
Niedergeschlagen sank ich auf den Sessel. Würde ich sie dort wiederfinden?

Gespräch in der Nacht

Ein abgedunkeltes Schlafzimmer in einem Mädchenpensionat. Zwei Schreibpulte an der Wand vor dem Fenster, zwei Kleiderschränke links und rechts neben der Tür und an jeder Wand ein Bett. Schlafenszeit.

»Der«, sagt da eine Stimme ins Dunkel des Zimmers, »der, den ich mir wünsche, müßte groß und kräftig sein, sein Haar lang und schwarz, und die Augen müßten blau sein – sehr blau und sehr kalt.«

»Da friert es mich ja schon bei der Vorstellung«, entgegnet die andere Stimme aus der Nacht. »Der, den ich mir vorstelle, ist eher schlank, nicht besonders groß, die Haare könnten auch schwarz sein, aber in seinen Augen möchte ich die Erde sehen, die braune, warme, lockende Glut der Erde...«

»Weißt du noch?« fährt die erste Stimme fort. »Als kleine Mädchen haben wir oft beieinander übernachtet und uns gegenseitig von Männern vorgeträumt. Ich wollte schon damals einen großen, starken Mann, einen Piraten mindestens oder einen Indianerhäuptling, heiraten. Und du warst damals in den schmächtigen Sohn des Kaufmanns verliebt.« Das Mädchen lacht.

»Verliebt ist zuviel gesagt«, rechtfertigt sich die Freundin aus dem gegenüberliegenden Bett. »Allerdings gebe ich zu, daß ich schon immer den asketischen Typ bevorzugt habe.«

»Der Richtige wäre in einer Nacht wie dieser sehr zärtlich zu mir, aber auch leidenschaftlich und wild. So wie Rhett Butler in ›Vom Winde verweht‹. Ein bißchen grob sollte er sein, manchmal vielleicht sogar...«

»Grob dürfte mein Mann niemals sein, da ginge ich gleich auf und davon. Aber leidenschaftlich ist gut, auf jeden Fall, vielleicht stürmisch...«

»Ich wünschte, er würde meinen Körper unbeherrscht an sich reißen, seine Lippen auf meine pressen, wenn ich ihm gar zu lange einen Kuß verwehren würde. Natürlich würde ich mich wehren, aber nicht sehr – schließlich wäre ich mindestens genauso verrückt nach seinen Küssen wie er nach meinen.«

»Unsinn! Ein Mann ist immer begieriger als eine Frau. Ich ließe ihn betteln und werben, solange es geht. Und erst ganz kurz bevor er die Beherrschung verliert – und wirklich erst dann –, bekäme er ihn, den Kuß...«

»Du willst eine von diesen Romanfiguren, die auf Knien rutschen, ›O Liebste, erhöre mich!‹ flehen und sich dankbar davonschleichen, wenn sie auch nur einen Hauch deines Atems erhaschen. Mein Mann wartet nicht so lange. Er nimmt sich, was er will und braucht. Aber nur von mir und nur, weil er weiß, daß ich es eigentlich auch will.«

»Und wie soll er so genau wissen, was du willst?«

»Er weiß es einfach. Er spürt es. Er ist nicht nur grob, sondern eben auch sehr einfühlsam. Er ist leidenschaftlich, impulsiv und dennoch sensibel. Er erkennt meine geheimsten Wünsche.«

»Und was sind deine geheimsten Wünsche?« Rascheln von Bettzeug.

»Du verrätst sie keinem?« fragt die erste Stimme zaghaft.

»Niemals«, versichert die andere.

»Wirklich nicht?«

»Bei meinem Leben: niemals! Habe ich dich je verraten?«

»Nein.«

»Na also!«

»Weißt du«, beginnt die erste Stimme zögernd, »mit deinen sanft werbenden Romanfiguren kann ich nichts anfangen. Wenn mich ein Mann wirklich liebt, dann will ich das spüren – und es nicht nur gesagt, gesungen oder geschrieben bekommen.«

»Spüren? Liebe spüren? Wie das?«

»Er würde mich zwingen, sie zu spüren. Der Richtige wirft mich über seine Schulter und trägt mich in sein Schlafzimmer. Einfach so, weil er es will.«

Das zweite Mädchen holt tief Luft. »Und dann...?«

»Im Schlafzimmer läßt er mich hinunter auf den Boden«, fährt die erste Stimme fort. »Er sieht mich an und fragt: ›Bist du nun bereit, dich meinem Willen zu unterwerfen, wie du es bei unserer Vermählung versprochen hast?‹«

»Und was sagst du?«

»Ich sehe ihn nur schweigend an. Das akzeptiert er natürlich nicht. ›Ich sehe, daß du dein Versprechen nicht einhalten willst‹, wird er sagen. ›Dann werde ich dich mit Gewalt zu deinen Pflichten rufen.‹ Er wird mich aufs Bett werfen, sich auf mich knien und meine Hände festhalten.«

»Und du schreist nicht um Hilfe? Mein Gott, ich fände das furchtbar! Auf der Stelle würde ich diesen Rohling verlassen!«

»Du verstehst gar nichts«, erwidert ihre Freundin mit leiser Stimme. »Ich hätte ihn sofort verlassen, wenn er sich durch mein Schweigen von seinem Verlangen nach mir hätte abbringen lassen. Er aber, der Richtige, hält meine Hände mit der einen Hand fest und öffnet mit der anderen Knopf für Knopf mein Kleid. Und die ganze Zeit über blickt er mich an mit diesen eiskalten blauen Augen...«

»Ich würde sterben vor lauter Angst. Wer weiß, was er alles mit dir machen wird«, wirft die andere Stimme ein.

»Er würde mit mir immer nur das machen, was für ihn gut ist und deshalb auch für mich«, belehrt die erste Stimme die ängstliche neben ihr. »Und das weiß ich, weil er mich liebt. Denn das ist eben die Liebe. Seine Liebe. Und ich selbst würde ihn in diesem Moment mehr lieben als je zuvor, und das wüßte er auch. Er würde mich entkleiden, Stück für Stück. Längst hätte er meine Hände wieder freigegeben, weil er genau wüßte, daß ich mich nicht mehr gegen das, was er vorhat, wehren würde, und schließlich läge ich nackt vor ihm...«

»Und dann?«

»Dann betrachtet er mich. So wie ich in diesem Moment vor ihm liege: nackt und ausgeliefert. Seine Augen sind voller Liebe. ›Bist du bereit?‹ fragt er mich. Und mein Blick sagt ja. Er legt mir seine Hand auf den Mund, so daß ich nicht schreien kann, und dann graben sich seine sehr langen, sehr spitzen Fingernägel langsam in mein Fleisch. Mein Oberkörper bäumt sich auf, ich versuche zu schreien, aber seine Hand verhindert das. Mit seinen Nägeln zieht er von meinem Hals aus blutige Linien bis zu meinen Brüsten. Er zieht meine Brustspitzen zwischen Zeigefinger und Daumen lang, und mit dem Nagel des anderen Zeigefingers ritzt er tiefe Schnitte in meine empfindlichen Warzen – einmal, zweimal, dreimal und noch einmal... Mein Körper bebt und zuckt. Lustschreie entschlüpfen meinen Lippen, mit Schmerzensschreien vermischt. Und wenn der Schmerz zu einer einzigen lodernden Flamme angewachsen ist, dann erst dringt er in mich ein, und wir werden zu einem einzigen Feuer lustvollen Begehrens. Ach ja...«

Jäh bricht die Stimme ab. Das Mädchen starrt hinüber zur Wand, wo es schemenhaft die Umrisse des anderen Bettes erkennen kann.

Die Freundin hat sich nicht gerührt während der letzten Minuten.

Jetzt aber schlägt sie die Bettdecke zurück und streckt ihre Hand aus – eine Hand mit sehr langen, sehr spitzen Fingernägeln.

»Bist du bereit?« fragt sie ins Dunkel hinein.

Er und Sie

ER: Hier hinein. *Zieht sie an beiden Händen ins Schlafzimmer.*

SIE: Bitte noch nicht. Ich will erst...

ER: Was du willst, spielt keine Rolle. Na komm schon!

SIE: Laß uns doch erst mal reden. Ich möchte nicht gleich, sofort hier, weißt du...

ER: Du wirst genau das tun, was ich dir sage, mein Liebes!

SIE *klammert sich an seinen Hals:* Du, bitte...

ER *umfaßt ihren Nacken und drückt ihren Kopf kräftig nach unten:* Willst du jetzt endlich deinen Mund halten!

SIE: Ja...

Sie sind im Schlafzimmer angekommen. Eine kleine Nachttisch-lampe brennt. Der größte Teil des Raumes wird von einem alten schmiedeeisernen Gitterbett eingenommen. Beide stehen jetzt vor dem Fußteil des Bettes.

ER: Knie dich hin!

SIE *klammert sich ganz fest an ihn:* Nein... nein.

ER: Zum letzten Mal: Auf die Knie!

SIE *schluchzend:* Ja...

Sie löst sich langsam von seinem Körper, der für sie Bedrohung und Gefahr ist, ihr aber zugleich auch Schutz und Geborgenheit gegeben hat. Nach einem zaghaften Blick in seine Richtung sinkt sie langsam, den Mund fest zusammengepreßt, auf die Knie. Ihr Rücken bebt.

132

ER: Zieh das Hemd aus!

Sie greift langsam an die Knopfleiste, öffnet Knopf für Knopf, zögert einen Augenblick lang und streift sich dann das weiße Hemd von den Schultern. Darunter ist sie nackt.

ER: So ist es brav, mein Kleines! Weißt du, was dich jetzt erwartet?

SIE: Ja.

ER: Sag's mir!

SIE: Ich kann nicht . . .

ER: Sag es!

SIE *mit erstickter Stimme:* Du wirst mich züchtigen.

ER: Womit werde ich dich züchtigen?

SIE: Mit der Riemenpeitsche.

ER: Wie werde ich dich züchtigen?

SIE: Hart, aber gerecht.

ER: Wofür werde ich dich züchtigen?

SIE: Für meine Launenhaftigkeit und meinen Ungehorsam.

ER: Ja, ich werde dir jetzt deinen Ungehorsam austreiben, darauf kannst du dich verlassen. Beug dich übers Bett!
Seine Stimme ist härter, beinahe schneidend geworden.

SIE: Bitte . . . *Ihr Herz klopft wild, und ihr wird heiß, überall.*

ER: Runter. Ganz runter!

SIE *beugt sich über das Bett.*

ER: Ganz runter, hab ich gesagt! Die Arme nach vorn, und die Beine schön auseinander!
Sie gehorcht – zögernd, zitternd. Liegt eine Weile bewegungslos da in banger Erwartung. Ein Rascheln. Dann seine Schritte, die sich entfernen. Eine Tür wird geöffnet und wieder geschlossen. Seine Schritte nähern sich wieder. Ihr Herz klopft schneller. Er bleibt stehen. Kaltes Leder streift ihren Rücken. Dann eine Hand auf ihrem Haar – tröstend.

ER: Ich werde dir sehr, sehr weh tun.

SIE: Du, du . . .

ER: Es muß sein, Liebes, du weißt es.

Sie schweigt, streckt ihm ihren Hintern aber ein wenig mehr entgegen. Dann der erste Schlag. Sie stöhnt auf, will zum Schrei ansetzen. Der zweite Schlag. Sie schreit. Ihr Rücken, von zwei roten Striemen gezeichnet, brennt. Der dritte Schlag trifft ihre zusammengepreßten Pobacken. Zwei weitere Schläge. Ihre Hände krallen sich in den weichen Stoff des Bettüberwurfs. Ihre Schreie ersticken in Tränen.

SIE: Nein, nein... Bitte, nein... Bitte, mach weiter... Nein, hör auf... Fester, ja, mach weiter... Aufhören, nein, bitte...

Ihr geschundener und erhitzter Körper, ein Bildnis der Lust, wird vom Weinen geschüttelt. Er legt die Peitsche aus der Hand, kniet sich neben sie, dreht sie auf dem Bett zu sich herum. Sie wimmert, als ihr gezeichneter Rücken das Bett berührt.

SIE *mit tränenverschleiertem Blick:* Ich liebe dich. Es tut mir so leid. Ich liebe dich, du...

ER: Ich weiß.

SIE: Bitte, darf ich jetzt zu dir kommen?

ER: Nein.

SIE *weint.*

ER: Wir sind noch nicht fertig.

SIE: Aber ich kann nicht mehr, ich kann wirklich nicht mehr.

ER: Du kannst noch sehr gut. Ich hatte dich gewarnt. Diesmal ist es Ernst.

SIE: Du hast mir doch schon so weh getan. Komm, liebe mich!

ER: Später. Vielleicht...

SIE: Du meinst das wirklich ernst?

ER: Ja.

SIE: Nein!!

Er ergreift ihre Hände und zieht sie blitzschnell zum Kopfteil des Bettes. Nacheinander bindet er ihre Hände an die Gitterstäbe – weit auseinander. Ihr Körper krümmt sich unter seinem Knie, mit dem er sie niederhält.

134

SIE: Bitte, bitte, bitte...

ER: Schweig! *Betrachtet ihren schönen schlanken Körper, der nun wehrlos ausgeliefert ist.*

SIE *mit Angst in den Augen:* Wirst du wiederkommen? Du allein? Bald? Sag doch, wann!

ER: Mal sehen...

SIE: Bitte sag, daß du wiederkommst!

ER: Mal sehen...

SIE: Du wirst nicht erlauben, daß ein anderer... Nicht wahr, du wirst nicht zulassen, daß ein anderer mir weh tut?

ER: Warum nicht?

SIE *schluchzt:* Aber du wirst dabeisein, du wirst aufpassen, nicht wahr? Sag: Wann kommst du wieder?

ER: Wenn ich Lust habe.

SIE *weint jetzt hemmungslos:* Ich möchte, daß du bei mir bleibst, bitte! Ich habe Angst. Ich werde alles tun, was du von mir verlangst...

ER: Ich weiß, mein Liebes. Es wird dir auch gar nichts anderes übrigbleiben.

SIE: Ich habe wirklich Angst hier allein...

ER: Ich weiß. *Löscht die kleine Nachttischlampe und geht langsam zur Tür.*

SIE *schreit:* Nein!! Du gehst wirklich? Und ich?

ER *blickt sie ruhig an – liebevoll und hart zugleich. Geht hinaus.*

Das Versprechen eines Fremden

Der Fremde tauchte als dunkler Schatten aus der Dämmerung auf. Es war zunächst nicht mehr von ihm zu sehen als sein nackter Oberkörper, der hell schimmerte. Dann erkannte sie auch die Zähne, die zwischen seinen Lippen glänzten, und das blasse Licht seiner Augen.

Sie spürte, wie die Langsamkeit seiner Bewegungen sie unruhig werden ließ. Jetzt spürte sie die Spannung wieder in sich, die sie soeben mühsam niedergekämpft hatte, nachdem sie schon den ganzen Tag von ihr erfüllt gewesen war, bis zu dem Moment, da sie sich hier eingefunden hatte.

Sie haßte es, unruhig und nervös zu sein. Denn sie haßte es, Schwäche zu zeigen und sich unterlegen zu fühlen. Nervöse Menschen waren den Ruhigen immer unterlegen.

Und dieser Mann war ruhig.

Bestimmt hatte er weder feuchte Hände, noch beschleunigte sich sein Herzschlag. Sie fragte sich, ob es in seinem Unterleib so heftig brannte wie in ihrem, seit sie von dieser Verabredung wußte, ja ob er wenigstens eine Spur von Erregung fühlte. Oder war seine offensichtliche Gelassenheit nichts weiter als ein raffiniertes Schauspiel?

Mit einer letzten, gleitenden Bewegung hatte der Mann sie erreicht an diesem geheimen Ort zwischen den Bäumen, der geschützt war vor den Blicken der Welt.

Sie hatte bereits eine Stunde hier gesessen, hatte auf den Mann gewartet und dem Rauschen irgendeines Baumes gelauscht. Halb hatte sie geglaubt, der Mann werde nicht kommen, und das hatte sie irgendwie beruhigt. Einmal war sie schon soweit gewesen, daß sie sich selbst auslachte: Wie konnte sie nur so dumm sein, hier zwischen den Bäumen zu sitzen und auf einen Mann zu warten, der ihr versprochen hatte, er werde sie inmitten dieser bedrohlich romantischen Wildnis so lieben, daß sie vergessen würde, wo sie sich befand! So ein Angeber, hatte sie gedacht und war belustigt über sich selbst gewesen, als sie merkte, daß er wohl nicht kommen würde.

Um so verunsicherter war sie nun, da er doch gekommen war. Sie war sich sicher, daß es zu seiner Absicht gehörte, sie unsicher zu machen – denn warum sonst hätte er sie mehr als eine Stunde warten lassen sollen? Er wollte ihr keine Gelegenheit lassen, auf ihn vorbereitet zu sein, er wollte sie in jene Verwirrung stürzen, in der sie sich augenblicklich befand.

Für einen Moment war sie verärgert, dann aber machte sie sich klar, daß er ihr mit seiner Verspätung eigentlich auch die Möglichkeit eingeräumt hatte, zu verschwinden und sich niemals wieder blicken zu lassen.

Daß sie *nicht* verschwunden war, daß sie eine ganze Stunde gewartet hatte, bewies ihr einmal mehr, daß sie verrückt sein mußte. Daß sie nach diesem Mann verrückt sein mußte – und zwar viel mehr, als sie das anfangs für möglich gehalten hatte.

»Du«, sagte er sanft, als er schließlich vor ihr stand. Sie zuckte zusammen und lächelte schwach.

»Ja...«, erwiderte sie gedehnt, ohne genau zu wissen, was sie mit diesem Ja eigentlich sagen wollte.

Der fremde Mann schien es als Zeichen zu werten, daß sie sich bereit fühlte für seine Liebkosungen. Mit seinem linken Arm, der um ihre Taille lag, zog er sie dichter an sich. Mit der anderen Hand strich er ihr sanft übers Gesicht. Seine Finger waren leicht und spielerisch in ihren Bewegungen, sie glitten an ihrer Nase entlang und danach prüfend zu ihrem Mund, zeichneten ihre Lippen nach.

Sie schloß die Augen und hob das Gesicht. Die Lippen des fremden Mannes senkten sich auf ihre, berührten sie erst leicht, beinahe flüchtig, so als schreckten sie davor zurück, sich an etwas hinzugeben, was sie nicht kannten. Doch dann wurden sie unerwartet heftig. Mit einem saugenden Geräusch griffen sie nach den weichen Blüten, die sich ihm bereitwillig öffneten, umfaßten sie, vergruben sich in ihnen. Sie antwortete zuerst zaghaft und dann immer entschlossener. Die Unruhe, die ihr so zu schaffen gemacht hatte, wich ihrer Erregung. Zwischen ihren Zähnen fühlte sie seine Zunge, die sich hart und fast rücksichtslos in ihre Mundhöhle drängte.

Diese Grobheit gefiel ihr, denn sie gab ihr das Gefühl, wie eine richtige Frau behandelt zu werden und nicht wie ein junges Mädchen, dem sein Liebhaber rücksichtsvoll das ganze Repertoire seiner sexuellen Künste vorenthält. Dieser Mann würde ihr geben, was er zu geben hatte – und sie wußte bereits, es würde nicht wenig sein.

Seine Finger hatten ihre Kehle erreicht und zeichneten langsam Kreise auf ihrer warmen, leicht pulsierenden Haut, ehe sie ihren Weg nach unten fortsetzten und schon bald den Ausschnitt ihres Kleides erreicht hatten. Sie noch immer küssend, streifte er ihr mit einer raschen Bewegung das Kleid von den Schultern. Sie trug nichts darunter.

Seine Hände legten sich um ihre großen Brüste, die sich seinen Liebkosungen entgegenstreckten. Sacht rieb er an ihren Knospen, ließ dann von ihnen ab und zog mit dem Fingernagel eine schneidende Spur den Bauch hinab. Sie keuchte leise.

Das Kleid fiel vollends zu Boden in dem Augenblick, da sich

die flinken Hände des Mannes mit gelassener Selbstverständlichkeit in ihren Slip schoben und sich fest zwischen ihre Beine preßten. Er bewegte sie leicht, so lange bis er spürte, daß sich ihr Körper in Zuckungen zusammenzog. »Fühlst du dich gut?« fragte er beinahe sachlich.

Und sie, die sich unerwartet von dem schmerzenden Druck seiner Lippen befreit sah, antwortete ein wenig mühsam: »Ja...ja...wahnsinnig gut!«

Tatsächlich hatte sie den Eindruck, kurz vor einer gewaltigen Explosion zu stehen. Wenn er jetzt nicht gleich, *sofort* in sie kam, würde sie rasend werden. Ihr schweißgebadetes Gesicht an seinen Hals drückend, warf sie ihm einen flehenden Blick zu. Dieser Mann, dieser verrückte fremde Mann, dessen Namen sie nicht einmal wußte, beherrschte ihren Körper mit einer Vollkommenheit, die sie erschütterte.

Er lag nun auf ihr und spielte wieder das raffinierte Spiel mit seiner Zunge, seine Hände badeten in der Nässe, die zwischen ihren Schenkeln quoll.

Als er endlich in sie hineinstieß, schrie sie auf. Sie schrie vor Leidenschaft, weil die Erlösung nahte. Und sie schrie vor Glück, weil sie nie zuvor so genommen wurde wie von diesem Fremden. Sie schrie ihre Lust in seine Ohren, und ihre Schreie und sein Echo vermengten sich. Es war ihr, als würde der ganze Wald von ihrer Lust und ihrer Hitze erfüllt.

Sie gaben sich nicht die Hand, sprachen kein Wort – danach. Er entfernte sich mit langsamen, gleitenden Bewegungen, so wie er gekommen war, verschwand als grauer Schatten zwischen den Bäumen.

Sie ordnete ihre Kleider und das Haar. Dann stand auch sie auf und ging zurück.

Dunst über dem Wasser

Es war ein regnerischer Morgen im April. Ich ging die Straße einer Wohnsiedlung entlang, ohne allzusehr auf meine Umgebung zu achten, als sich plötzlich die Tür eines der Häuser, an denen ich vorbeikam, öffnete und Stimmen zu hören waren. Ohne recht zu wissen warum, drückte ich mich in die Hecke, die das Grundstück umgab, und verfolgte mit angehaltenem Atem die Szene vor der Eingangstür des gepflegten Klinkerhauses.

Die Situation war an und für sich nicht ungewöhnlich. Vor dem Haus stand eine große Frau mittleren Alters, in der geöffneten Tür hielt eine ältere Frau ein ungefähr neunzehnjähriges Mädchen in den Armen, unverkennbar ihre Tochter. Das Mädchen schien sich nicht von seiner Mutter trennen zu wollen. Doch schließlich, so erkannte ich im Halbdunkel, schob die Mutter ihre Tochter zur Tür hinaus und verabschiedete sich von der anderen Frau.

Stumm und mit gesenktem Kopf folgte das Mädchen der Frau, deren feuchte schwarze Stiefel und deren grauer Regenmantel im Licht der Laternen glänzten. Von einer mir unerklärlichen Neugier gepackt, folgte ich den beiden in sicherem Abstand, ohne sie aus den Augen zu verlieren.

Nach einer Weile erreichten die Frau und das Mädchen den Eingang zu einem nahe gelegenen Park. Der Regen begann stärker zu werden. Auf dem Gesicht des Mädchens funkelten Tropfen, die langsam die Wangen hinunterrollten. Die Frau schlug zielstrebig einen von Bäumen gesäumten Weg ein, der zu einem kleinen See führte, über dem noch der Morgennebel hing.

Als die beiden Gestalten den See erreicht hatten, wandte sich die Frau unvermittelt dem Mädchen zu, das daraufhin kurz taumelte. Erst später begriff ich, daß die Frau das Mädchen geschlagen hatte.

Im Schutze der Baumreihen lief ich jetzt auf den See zu, getrieben von der seltsamen Furcht, irgend etwas, das sich zwischen der Frau und dem Mädchen abspielte, könnte mir entgehen. So nahm ich die Schönheit des Sees, die an seiner Oberfläche reflektierenden Lichter und die Mystik des über ihm liegenden Dunstes nur unbewußt wahr.

Ich beschleunigte meinen Schritt, um den Abstand zu der Frau und dem Mädchen, die inzwischen bereits ein beträchtliches Stück des Uferwegs hinter sich gelassen hatten, nicht zu groß werden zu lassen. Meine Stiefel erzeugten im Gras ein quietschendes Geräusch, das mich aus Furcht, bemerkt zu werden, den Schritt wiederum verlangsamen ließ. Meine Konzentration war ganz auf die Aufgabe gerichtet, den Abstand zu den beiden weder zu groß noch zu klein werden zu lassen.

Der Trenchcoat der Frau und das Regencape des Mädchens waren für mich nur mehr feuchte Orientierungspunkte, nicht mehr wie ursprünglich Auslöser eines merkwürdigen Reizes. Doch jener Reiz kam unvermittelt wieder, als von einem Moment auf den nächsten etwas lange Gewußtes urplötzlich in Erscheinung trat: Die Frau trug eine Reitgerte in der Hand. Sie mußte zuvor unter dem Mantel verborgen gewesen sein.

Betäubt von dieser Entdeckung und von diffusen Hoffnungen, hatte ich nicht bemerkt, daß ich der Frau und dem

Mädchen, die plötzlich stehengeblieben waren, sehr nahe gekommen war: Wenige Meter noch, dann würde ich sie einholen. Schnell versteckte ich mich hinter dem Stamm eines Baumes. Dieser bot mir genügend Schutz davor, entdeckt zu werden, zugleich aber die Gewähr, sehr genau verfolgen zu können, was sich zwischen der Frau und dem Mädchen tat.

Was ich sah, ließ meinen Atem stocken. Das Mädchen lag im Gras, über ihr stand die Frau. Deutlich hörte ich, wie das Mädchen leise zu wimmern begann. Gebannt beobachtete ich, wie sich daraufhin die verdreckte Sohle des schweren Gummistiefels langsam auf das Gesicht des Mädchens senkte, so daß die Schreie gedämpft wurden, welche die nun einsetzenden Hiebe begleiteten.

Dann erhob sich das Mädchen und taumelte, sichtbar benommen, hinter der zur Eile drängenden Frau her. Ich folgte ihnen jetzt ohne die Unrast, die zuvor Neugier und Erwartung in mir ausgelöst hatte. Sogar einem Vogel gelang es nun, mit seinem Gezwitscher in mein Bewußtsein zu dringen. Es hatte aufgehört zu regnen, und ein feuchtwarmer Wind strich durch die Baumkronen.

Die Frau und das Mädchen hatten ein schmiedeeisernes Tor im rückwärtigen Teil des Parks erreicht. Die Frau trat auf das Mädchen zu, fesselte ihm die Hände auf den Rücken und band sie an den unteren Stäben des Eisengittertores fest, so daß das Mädchen gezwungen war, vor der Frau zu knien.

Die Spannung in mir zwang mich, noch näher an die beiden heranzutreten. Als die Frau nun ihr Geschlecht entblößte und ihren Unterleib dem Mädchen entgegenreckte, spürte ich eine immer stärker werdende Erregung in mir. Gebannt verfolgte ich, wie sie sich an der Zunge des Mädchens erfreute und dann plötzlich ihr Wasser über das Gesicht des Mädchens rinnen ließ. Mein Körper zitterte vor Erregung. Erst als schließlich die nackten, von dem kurzen Röckchen nicht mehr bedeckten Oberschenkel des Mädchens erneut die Reitgerte zu spüren bekamen, zerflossen meine Lustgefühle, und ich kam wieder zu mir.

Die Frau mied den Weg durch den Park, als sie das Mädchen zurückbrachte. Die Menschen in der belebten Straße nahmen keine Notiz von den beiden.

Als die Mutter die Haustür öffnete und die Frau und das Mädchen erblickte, war sie sichtlich überrascht. Sie begrüßte ihre Tochter nicht. Die Frau verabschiedete sich schnell. Das Mädchen blickte traurig, aber sie weinte nicht mehr.

Blondes Gift

Gegen Abend werde ich meist unruhig. Ich laufe in der Wohnung auf und ab, von einem Fenster zum nächsten. Zwinge mich zurück in die Küche, schaue in die Töpfe: Noch nichts angebrannt? Dann ein abermaliger verstohlener Blick zur Uhr: Jetzt müßte er doch endlich... Unsinn, es ist ja Hauptverkehrszeit. Dann wieder zu einem der Fenster – nichts. Zum nächsten – wieder nichts. Blick auf die Uhr. Nur eine Minute ist vergangen. Also noch einmal in die Küche. Wenn es später werden würde, riefe er doch an. Oder? Doch ja, ganz bestimmt. Oder ist das Telefon etwa defekt? Voller Hoffnung auf eine mögliche Erklärung hebe ich den Hörer, lausche. Das Freizeichen. Schnell wieder auflegen, vielleicht versucht er mich gerade zu erreichen!

Da, eine Wagentür! Zum Fenster – aber so, daß er dich nicht sieht. Wie wirkt das denn auf ihn: Als hättest du nichts anderes getan, als hier auf ihn gewartet! Das stimmt zwar, doch erfahren soll er es tunlichst nicht.

Aber Fehlanzeige – es war das Auto des Nachbarn.

Meine Unruhe wächst von Sekunde zu Sekunde. Er hätte doch schon vor zwei Minuten hiersein müssen! Wie ein gefangener Tiger laufe ich vom Bad (Sitzt das Make-up noch?) zur Küche (Ist wirklich noch nichts angebrannt?), von dort zum Fenster (Kommt er vielleicht gerade?) und zum Telefon

(Hat es nicht gerade geklingelt?) und schließlich wieder zurück ins Badezimmer. Immerhin sechs Minuten habe ich es heute ausgehalten ohne Eifersucht. Aber jetzt hilft kein Hinweis mehr auf den Verkehr oder seine Überlastung im Büro. Es steht für mich fest: Er ist bei einer anderen!

Meine Eifersucht macht mich verrückt. Und leider nicht nur mich. Am meisten leidet wohl Rolf, mein Mann, darunter. Doch ich komme nicht dagegen an. Zumindest nicht nach sechs Minuten Warten.

Zur Eifersucht kommt schnell die Wut, und in sie mischt sich Bitterkeit: Er amüsiert sich mit einem blonden Gift – sie muß einfach blond sein, denn ich bin dunkel –, während ich hier warte, zwischen dampfenden Töpfen und Bügelwäsche. Das Selbstmitleid geht schließlich in Haß über: Ich werde es ihm heimzahlen, ganz bestimmt!

Ein Wagen hält vor dem Haus – und diesmal ist es tatsächlich seiner. Schritte auf der Treppe, und dann steht er da: lächelnd und mit einem wunderschönen Strauß roter Rosen in den Händen. Oh, wie ich ihn liebe! Und wie ich mich schäme!

Er genießt das Essen, hält meine Hand dabei, streichelt die Innenfläche, sieht mich an mit diesem zärtlichen Blick. Wir lassen den Rest des Essens auf dem Tisch zurück, küssen uns, während wir ins Schlafzimmer laufen.

Dann liegen wir im Bett und streicheln uns. Nie habe ich einen Mann erlebt, der zärtlicher ist als er. Wie ausdauernd er ist, wie hingebungsvoll in jeder seiner Bewegungen. Ich will diesen Mann nie verlieren, denke ich, als er nach lustvollen Ewigkeiten in mich eindringt, niemals! Er ist mein Mann, er gehört mir ganz allein...

Urplötzlich verwandelt sich die Umgebung. Der Raum wird kalt, ungemütlich und düster. Er schiebt mich weg, barsch und grob. Sein Blick hat sich verändert. Ein kalter Blick streift geringschätzig meinen nackten Körper. Jede Vertrautheit zwischen uns ist verflogen.

Er verlangt, daß ich aufstehe. Das Zimmer erstrahlt in grellem Licht. Ich fühle mich schutzlos, hilflos und klein und sehr, sehr verletzlich. Doch das interessiert ihn nicht. Er sieht mich nicht einmal an. Statt dessen blickt er zur Tür und lächelt.

Und dann betritt *sie* den Raum. Sie ist braungebrannt, schön und groß und hat langes, lockiges blondes Haar. Ich fühle mich mit einemmal häßlich, klein und nichtssagend. Am liebsten würde ich mich davonschleichen. Doch ihre kühle Erscheinung hält mich zurück, zieht mich völlig in ihren Bann, erregt mich unermeßlich.

Langsam schreitet sie durch den Raum. Ihre Bewegungen sind weich und fließend und doch voller Bestimmtheit. Diese Frau ist Erotik pur, der personifizierte Sex, die Versuchung schlechthin.

Von einer Ecke des Zimmers aus beobachte ich, wie sie sich dem Bett nähert. Sie beugt sich über ihn, öffnet ihren sinnlichen Mund und küßt ihn mit einer Leidenschaft, die ich trotz der Entfernung mit meinem eigenen Körper spüre. Ihre Hand schiebt sich über seinen Bauch, seine Brust und seine Schultern. Willenlos und mit glücklich verklärtem Lächeln läßt er es geschehen.

Ich sehe zu, wie der Mann, der doch mir gehört, einer anderen gibt, was doch mir allein vorbehalten sein sollte. Ich hasse ihn dafür, genieße aber doch meine Hilflosigkeit in diesem Augenblick und sauge jedes Detail gierig in mich auf.

Sie besteigt ihn mit unergründlichem Gesicht, beginnt ihn zu reiten. Ich sehe, wie er die Augen schließt und sein Gesicht sich vor Wollust verzerrt. Im höchsten Moment der Lust schreit er auf, reißt die schöne Blonde an sich, stöhnt: »Du, du, du allein!« Und ich merke, wie auch mich, klein und häßlich in der Ecke verborgen, seine Ekstase mitreißt, wie ich eine unbändige Lust erlebe, losgerissen von allen Schranken und Grenzen...

146

Ich öffne die Augen. Sein Kopf liegt auf meiner Schulter. Unsere Körper sind verschwitzt, miteinander verschlungen. Er hebt den Kopf und blickt mich aus warmen, verliebten Augen an. »Du kleine Wilde«, sagt er.
Er meint mich damit. Keine schöne Blonde ist hier, wir sind allein: ich und er und unsere Leidenschaft.
Und so wird es bleiben. Dafür sorge ich schon ...

Türen ins Grenzenlose

Die Hölle. Beim Eintreten in das Zimmer dachte ich: Wenn es sie gäbe, dann würde sie wohl so aussehen.

Doch »eintreten« ist kaum das richtige Wort. Es war mehr ein Fallen oder Gesogenwerden. Der plüschige Teppich verschluckte jeden Laut.

Du stelltest meine Tasche auf einen der wackligen Samtsessel, blicktest in die Runde und sagtest kleinlaut: »Das ist es.«

Ja, kleinlaut warst du, weil du wußtest, daß die Sache ihren Haken hatte. In der Tat ging ein wahrer Platzregen von Enttäuschung und Endzeitstimmung auf mich nieder, kaum daß ich mich in die Mitte des Raumes begeben hatte. Der Enttäuschung folgte schnell eine Art trübsinniger Lähmung, die mich jeden Gedanken an Flucht oder Widerstand sofort vergessen ließ.

Betroffen sah ich mich um. Ja, das war es. Die Wände, mit zerschlissenem scharlachrotem Brokat überzogen, schienen Schweiß auszudünsten, die wenigen billigen Möbel aus Preßspan und Plastik sollten Barock vortäuschen. Obwohl draußen noch heller Tag war, herrschte im Raum Dämmerung.

Als ich ans Fenster trat und die speckigen Vorhänge etwas beiseite schob, sah ich den Grund: Mein Blick traf auf eine rußige Betonwand, die vor dem Fenster in die Höhe ragte und jegliche Aussicht verwehrte. In der Tiefe ein mit Müll und grüngrauem Moos bedecktes winziges Hofviereck, von Maschendraht umzäunt und überfrachtet mit Mülltonnen und Fahrradskeletten, zwischen denen einige magere Tauben pickten. Nach oben hin nur Wände, Fassaden, vergitterte Fensterluken. Nur wenn ich mich weit genug aus dem Fenster beugte und den Kopf ganz in den Nacken legte, konnte ich einen Fetzen Himmel erhaschen – in unendlicher Höhe und jämmerlich zerstückelt.

Rasch zog ich mich zurück, ließ die Vorhänge zufallen und knipste versuchsweise das Licht an. Erst kränklich flackernd, dann grell aufflammend, versetzte es uns ins Innere eines brackigen Aquariums. Ein milchiger Schein zwischen Gelb und Grün – ursprünglich war es wohl mal ein Rot gewesen – überzog das Inventar samt dir und mir wie eine schleichende Krankheit.

Kraftlos ließ ich mich auf das Bett fallen, das sich als widerlich weich erwies und mich heimtückisch aufzusaugen schien. Erschrocken sprang ich wieder auf die Beine. Irgendwo hinter mir spürte ich, lebendig eingeschlossen in dieser Todesfalle, deinen Körper.

»Das ist es also«, wiederholte ich und wandte mich dir zu. »Ich habe selten ein widerlicheres Zimmer gesehen.«

»Es ist wunderbar.« Du grinstest und fingst an, in einigen Magazinen zu blättern.

Der Blick ins Badezimmer – auf das ich wie stets außerordentlichen Wert gelegt hatte – ließ mich alles andere vergessen. Es war groß, sehr groß, vielleicht ebenso groß wie das Zimmer, wenn nicht sogar noch größer. Und dann dieses Licht! Fast wurde mir übel. Gab es am Bett wenigstens noch einen Schatten von Rot, so wurde hier jeder Gegenstand von einem abgründigen Schwefelgelb verschlungen, das die beigen Kacheln umwaberte und grindig aussehen ließ. Alles wirkte unecht und wie von einer anderen Welt: die endlose

Weite der Fliesen, die nackte Toilettenschüssel, das unabdingbare Bidet. Ein handbreiter Sehschlitz, von brüchiger Spitze verhüllt, ermöglichte einen Blick nach draußen – auf rußigen Beton. Wundervoll! Vor der Badewanne lag ein abgewetzter Frotteeläufer.

Der Wasserhahn tropfte, und als ich gar das Waschbecken und die Rohre betrachtete, hatte ich meinen Kampf gegen die Übelkeit fast schon verloren.

Bilder von Todeszellen und Schlachthöfen passierten mein geistiges Auge, als ich mich wieder aufs Bett geflüchtet hatte und fröstelnd an die mit Pappmachéstuck verkleidete Decke starrte.

Du lagst neben mir. Schweigen.

Es brauchte eigentlich auch nichts mehr gesagt zu werden. Der Raum sprach für sich. Wasserrohre gurgelten und röhrten, im Nebenzimmer klapperte eine Schranktür, und die Neonröhren summten eintönig.

Schläfrig meinte ich den uns einhüllenden Brokat sich ins Zimmer wölben zu sehen, gleich einer feindlichen Geschwulst. Seufzend schloß ich die Augen.

Ich mußte an all das Ungeziefer denken, das wahrscheinlich in den speckigen Wänden nistete. Unerbittliches Getier, das sich seinen Weg durchs morsche Mauerwerk bahnte. Ich dachte an all die tristen mitternächtlichen Kopulationen, die dieses Zimmer schon erlebt hatte und deren Dunst, deren Nachhall wie ein Schleier aus ungreifbarer Trübnis sich auf die Nachfolgenden legte.

Das Bett, das übliche kitschige Gestell aus Messing, starrte mich an wie ein Schafott, das auf mich wartete. Alle Energie wurde aus mir gesogen, und meine Gedanken hingen den tristen Badezimmerfliesen nach, dem Tropfen des Wasserhahns, dem staubigen Flor des Teppichs.

Draußen wurde es langsam dunkel. Hier drinnen jedoch verrann lautlos die Zeit, ohne daß etwas geschah und ohne daß ich mich dazu aufraffen konnte, mich gegen die trostlose Umgebung aufzulehnen.

»Wolltest du nicht ein Bad nehmen?« vernahm ich plötzlich deine Stimme.

Doch, ich wollte. Was konnte mir noch geschehen? Nichts. Und jede Veränderung wäre ein Segen.

»Ja«, sagte ich und ging Wasser einlassen.

Wortlos betrachtete ich die Schlieren aus Kalk und Rost, die sich am Boden der blaßgelben Wanne hin zum Abfluß zogen. Selbst das Wasser sprudelte grüngelb aus dem Hahn, und die Fliesen, die auf den ersten Blick leidlich sauber aussahen, waren in Wirklichkeit von dicken Staubkrusten überzogen. Doch das störte mich nicht mehr.

Einen Weg aus der eigenen Dumpfheit zu finden war das einzige Ziel, das ich noch hatte. So stieg ich denn todesmutig ins Wasser und tauchte meinen müden Körper in die trübe Brühe.

Als du endlich kamst, machte ich dich auf die silberfarbenen Haken und Handtuchstangen an den Wänden aufmerksam. Wieder mußte ich an Schlachthäuser denken, an angekettete Tiere, an letzte Hingabe und genügsames Verharren. Ich zitterte.

An der öligen Oberfläche des Seifenwassers sah ich meine jüngst verwundete Brust, sah den Stahlring blitzen, der die linke Brustwarze durchbohrt hatte. Melancholisch blickte ich auf das Spiegelbild meines schmerzhaften Schmuckes und fragte mich, in welche Tiefen, in welche Verwirrungen uns dieser Wahn noch treiben würde.

War dieser kleine silberne Ring nur ein Pakt mit mir selbst oder mit dir, der du vor der Wanne kauertest? Wo wird das alles enden? fragte ich mich und starrte in das milchige, nun halb erkaltete Wasser, blickte durch das von Dreck und bedrückenden Bildern gedunsene Badezimmer, ließ mich in eine von Resignation erfüllte Lethargie fallen.

Doch dein Blick, eben noch von stiller Trauer, nun aber von ungeduldiger Gier erfüllt, riß mich aus diesen überflüssigen Grübeleien. Du gabst mir ein Zeichen, daß du auf mein Kommen wartetest, und so erhob ich mich triefend, auf Rettung hoffend. Über das Plätschern des Wassers hinweg hörte ich deine Stimme, die mich sanft lockte, während du mich eindringlich betrachtetest, dein Blick die Rinnsale auf meinem Körper verfolgte, die mir über die Brüste, den Bauch und die Beine liefen und die Knöchel hinab und die, als ich dir folgte, auf dem zerschlissenen Teppich eine feuchte Spur hinterließen.

Willenlos wie ein Tier ließ ich mich aufs Bett ziehen. Und willenlos wie ein Tier ließ ich mich besteigen, naß und wund wie ich war, auf dem stumpfen Satin dieses unseligen Bettes, im rotgelben Licht dieses Alptraumzimmers.

Die ersehnten Schläge kamen schnell und gezielt. Bald spürte ich das vertraute Brennen auf dem Rücken, im Nacken, auf dem Hintern und den Schenkeln. Ich spürte, wie mich die Lähmung verließ und die Lust sich Bahn brach, fühlte diesen ewigen Schrei nach Mehr in der Kehle aufsteigen. Ich stellte mir vor, auf immer in diesem Zimmer eingeschlossen zu sein, ewig auf rußige Betonwände starren zu müssen. Ich wollte so vieles und so viel mehr.

Mir war, als würde eine Tür einen Spaltbreit geöffnet, um viel zu schnell wieder zuzufallen. Die Tür öffnete sich ein wenig weiter und schwang wieder zu, öffnete sich wieder – und schon begann es in mir zu zucken und zu pulsieren.

Ein kurzer Schrei, ein Stöhnen, und es endete wie ein jäher Traum.

Zerschlagen und unfähig, mich zu bewegen, aber immer noch nicht tief genug gesunken, preßte ich mein Gesicht auf das Laken, als wäre es ein Leichentuch. Der Zauber verebbte, die Trübsal höhnte.

Am Abend hatten wir getrennte Verabredungen. Als die Tür

hinter dir ins Schloß fiel, war es wie das Ende der Welt. Meine Zigarette glühte in der Dunkelheit, und ich war allein. Allein in der Hölle, mit diesen unaussprechlichen Bildern, dem Pochen in den Schläfen und den vergangenen Ereignissen, die schwer im Raum hingen. Schließlich gelang es mir, mich ins Bad zu schleppen. Die Zeit drängte. Im fahlen Schein des Neonlichts starrte ich in mein Gesicht. Es wirkte krank, lächerlich vergänglich. Die Unterwäsche aus schwarzer Spitze hing wie ein Trauerflor an mir, die Haut war gezeichnet von roten Wundmalen und getrockneter Lust. Nach oberflächlicher Toilette hastete ich durch die bedrohlich wirkenden Gänge des Hauses. Ins Polster des Taxis gepreßt, fuhr ich wie in Zeitlupe durch den Regen, verbrachte die Nacht in einem wirren Taumel aus Gesichtern und Gesprächsfetzen. Das kühle Weinglas war mir wirklicher als jede menschliche Gesellschaft.

Wieder entlassen in den Regen, mußte ich unaufhörlich an das Zimmer denken und irrte durch die fremde Stadt, da ständig roter Brokat meine Augen umflatterte. Ich redete mir ein, daß ich das Zimmer besiegen, es bis zur Neige erkunden und mich darin finden müsse, personifizierte es doch all das, was in dem düstersten Winkel meines Ich lauerte. In dieser fremden Stadt hatte ich dieses Zimmer in mir gefunden – voller Ängste, Kälte und Tod.

Die Nacht vertrieb sich selbst. Gegen Morgen erst fand ich nach Hause. Das Zimmer war noch verlassen. Nikotingeruch hing in der Luft. Schnell streifte ich meine Kleider ab und kroch, ohne Licht zu machen, unter die Bettdecke. Schwer und klamm, wie sie war, drohte sie mich zu ersticken. Ich hatte die Sekunden zu zählen begonnen, als sich endlich der Schlüssel im Schloß drehte und ich dich ins Zimmer treten hörte.

Das Schweigen war bleiern, dehnte sich unendlich und drohte zu bersten, doch dann fanden sich – wie Tier und Tier

– unsere Körper unter der Decke. Das Zimmer hielt den Atem an, wartete, lauerte.

Dämmriges Licht kroch bereits durch die Vorhänge, als du mir die Handgelenke über dem Kopf an die Bettstange fesseltest. Schwer sank dein Haupt auf meine Brust, preßte den Atem aus meinen Lungen, während deine Hand meine Haare ergriff und mir den Kopf nach hinten zog. Speichel tropfte mir ins Gesicht, und ich öffnete den Mund, um ihn dankbar aufzufangen. Ich spreizte die Beine, bis die Sehnen fast rissen, und bäumte mich dem Zwielicht und deinem Körper entgegen, der schwer und stumm auf mir lastete.

Dann hörte ich ein Wimmern. Es war mein eigenes. Ich hörte mich bitten, Unmögliches verlangen, Unmögliches versprechen und immer wieder bitten. Der Raum war eisig, die Haut erhitzt, der Puls pochte zwischen Erstarren und Erlösung. Ich wollte wissen, ob das Grauen, das dieses Bett umgab, eine Grenze hätte. Schwindelgefühl und innere Leere quälten meine Nervenenden. Das Bett sog mich in sich, als wäre es ein weiches Maul. Bald schon, so dachte ich in panischer Angst, würde das zähe Moor aus Decken über mir zusammenschlagen.

Ich wurde aus Angst und Müdigkeit herausgerissen, als ich deine Stimme vernahm, die Beschimpfungen ausspie, welche jedem Schamgefühl höhnten. Gemeine, brutale Namen voller Verachtung prasselten auf mich nieder, und ich hörte sie alle an – dankbar.

Innerlich befreit zerrte ich an den Handschellen, die mir ins Fleisch schnitten. Deine geballte Faust ging mit Wucht auf meine Bauchdecke nieder, und mein Kopf schlug gegen die Messingstäbe. Meine Schultergelenke knirschten, als würden sie aus den Gelenken gedreht.

Dann das tröstliche Aufeinandertreffen von Geschlecht und Geschlecht, von Hand und Geschlecht, von Mund und Nase. Ein fast verbotener Kuß.

Unsere Atemgeräusche füllten das Zimmer, wo sich die stummen Möbel im ersten Licht wie Phantome abzuzeichnen begannen und auch du an Kontur gewannst: deine Schultern, der Heiligenschein aus Haar.

Ich hörte das Rauschen des Blutes in meinen Adern und fühlte das Anschwellen meiner Haut, dort wo die Wunden waren. Ich spürte die süße Zartheit deiner Haut als einzige Realität, nahm das Wunder ihrer Lebendigkeit wahr.

Du öffnetest mir Tür und Tor, und während das Zimmer in seiner leblosen Häßlichkeit zurückblieb, stieg ich hinab und hinauf, tiefer und höher, als ich es für möglich gehalten hatte. Ich wollte schreien: Ich will dein Tier sein, nur dein Tier! Aber es kam kein Laut aus meinem Mund. Einzig die Geräusche der allmählich erwachenden Straße drangen in mein Bewußtsein sowie unser Stöhnen.

Dann endete alles in einem unbeschreiblichen Fall, einem Schaudern, einem tiefen Schmerz, und der Tod blickte der Lust nachsichtig über die Schulter. Doch wieder verzichtete ich darauf, ihn näher zu bitten, winkte ihm nur wehmütig zu mit meinen gefühllosen und wunden Händen, während der bodenständige Mensch in mir schon wieder Fuß gefaßt hatte und nach etwas zu trinken verlangte.

Doch für derlei Dinge war es zu spät. Denn soweit durch den roten Samt sichtbar, war es bereits heller Tag, und unser Zug würde bald fahren.

Das Zimmer war einfach Zimmer, Teil eines ehemaligen Bordells eben, wie du mir zuvor erklärt hattest, und die Hölle war wieder für einige Zeit geschlossen.

Ich hörte dich im Badezimmer rumoren und hegte liebevolle Gedanken. Die Tür hatte sich auch dieses Mal wieder geöffnet, die kargen Räume davor waren bis auf weiteres vergessen. Doch für wie lange?

Sinnierend blickte ich auf meinen Silberring. Die blutverkrusteten Wundränder schienen mir schroff ein »Wen kümmert's!« zuzurufen. Recht hatten sie! Meinem Komplizen, meinem nächtlichen Begleiter in die Unterwelt flüsterte ich zu: Die Zukunft sieht vielversprechend aus, auch wenn nun jeder Knochen einzeln schmerzt.

Ich öffnete das Fenster, um von den schmutzigen Wänden Abschied zu nehmen. Das Licht hatte sich fast nicht geändert, doch ein winziger Fleck blauen Himmels hoch über mir verhieß einen sonnigen Tag.

Überstürzt verließen wir das Hotel, nicht ohne einigen düsteren Gestalten, die noch immer im Rotlicht der Bar saßen, freundlich zuzunicken.

Die Hitze traf uns wie ein Schock. Sie brannte auf dem Leder der hastig übergeworfenen Jacke und auf dem Gesicht, das vor Übermüdung spannte wie Pergament.

Mit halb geschlossenen, brennenden Augen blickte ich mich um. Das einzige, was mir die Gewißheit gab, nicht geträumt zu haben, war deine Hand in meiner.

Eilig hielten wir ein Taxi an. Der Fahrer, der uns die Wagentür öffnete, grinste.

Zungen

Manchmal stelle ich mir vor, ich laufe durch einen dichten Wald. Es ist früher Abend. Vereinzelte Sonnenstrahlen durchbrechen das Laubdach und erhellen das Dickicht. Vögel zwitschern.

Ich bin allein, genieße die Ruhe und die Einsamkeit des Waldes.

Plötzlich aber taucht vor mir eine Gestalt auf. Langsam, keineswegs bedrohlich und doch sehr bestimmt, kommt sie Schritt für Schritt auf mich zu.

Mir wird angst. Ich überlege, ob ich weglaufen soll, und drehe mich um. Doch auch von dort kommt eine Gestalt auf mich zu, ebenso von rechts und von links.

Schließlich bleibe ich stehen, äußerlich ruhig und doch in banger Erwartung dessen, was nun kommen wird.

Die vier Gestalten haben mich erreicht und bilden einen Kreis um mich. Ihre Mienen sind ausdruckslos, doch freundlich. Es sind geschlechtslose Gesichter. Sie führen mich – ohne Gewalt, aber sehr zielstrebig – in die Nähe des nächsten großen Baumes, einer alten Eiche.

Eine der Gestalten hält meinen Arm fest, eine zweite bedeckt meine Augen und meinen Mund mit den Händen, während die anderen mich sorgsam entkleiden. Langsam und mit Bedacht streifen sie Schuhe, Strümpfe, Bluse, Rock, Unterkleid, den BH und schließlich den Slip von meinem Körper. All dies geschieht lautlos, ohne Hast, mit weichen und doch sicheren Bewegungen.

Vollkommen nackt geleiten sie mich dann in ihrer Mitte an den Stamm der Eiche vor uns.

Meine Arme werden nach hinten gebogen und gebunden, dasselbe geschieht mit meinen Beinen, die dabei leicht gespreizt werden. Sie binden mich so, daß ich mich kaum bewegen kann, aber doch ohne Schmerzen bleibe. Die Gestalten sehen mich an, blicken mir direkt in die Augen, noch immer ausdruckslos, noch immer ohne bedrohlich zu wirken. Meine Angst verfliegt, obgleich ich ihnen nun völlig ausgeliefert bin.

Eine Gestalt legt mir eine Augenbinde an. Auch dies geschieht ohne Hast und ohne Gewalt. Um mich herum herrscht nun völlige Dunkelheit.

So stehe ich da. Ein kühler Wind streift meinen nackten gebundenen Körper, die Vögel zwitschern noch immer, und irgendwo in meiner Nähe befinden sich diese vier Gestalten, die ich nicht mehr sehen, nicht hören, nur erahnen kann.

Minutenlang stehe ich einfach so da, ohne daß etwas geschieht. Ich überlege schon, ob sie mich hier vielleicht allein zurückgelassen haben.

Dann aber spüre ich plötzlich eine Zunge, die sanft die Innenseite meines Schenkels liebkost. Dann eine andere, nicht minder zärtlich, an meinem Hals, noch eine, die meine Brüste bespielt, die vierte schließlich an meinen nackten Füßen. Feucht und mit sanftem Druck gleiten sie über meinen Körper, über den Hals zu den Achselhöhlen, von den Ansätzen der Brüste zu den Knospen, von den Schenkeln bis zu meiner Scham, von den Zehen hin zu meinen Kniekehlen.

Zungen, nur noch Zungen, überall, zärtlich leckend. Mein Körper vibriert unter ihnen, ich winde mich unruhig. Bitte fester, möchte ich flehen zu jener Zunge, die meine Scham-

158

lippen längst erreicht hat und in unbeirrbarer Ruhe und Sanftheit nun zu meinem Kitzler vordringt – doch ich habe keine Stimme.

Mein Rücken reibt sich wund an der rauhen Rinde der alten Eiche, während dieses ungeheure Zungenspiel mit nie nachlassender Intensität fortgesetzt wird. Ich ertrage ihn nicht mehr, diesen gleichmäßigen feuchtwarmen Reiz an den empfindlichsten Stellen meines Körpers, den Brüsten, Schenkeln, dem Kitzler und meinem Hals.

Dann zucken Blitze vor meinen verbunden Augen, mein Körper schlägt wild und unkontrolliert gegen die Rinde des Stammes, die Erde unter mir scheint zu beben, mein Körper ergibt sich, drängt sich den Zungen entgegen in vollkommener Hingabe. Ströme der Lust und Erlösung durchfluten mich. Nervenzellen zucken, beben, beruhigen sich wieder gesättigt.

Plötzlich sind die Blitze verschwunden, ist die Erde unter mir wieder verläßlicher, fester Grund geworden.

Meine Fesseln werden gelöst, Stück um Stück werde ich wieder angekleidet, langsam, ohne Hast, sorgfältig. Dann wird die Augenbinde abgenommen.

Die Sonne ist inzwischen ganz untergegangen, der Gesang der Vögel verstummt.

Ich blicke mich um. Die Gestalten sind verschwunden, ich bin allein in der Einsamkeit des Waldes.

Schwarze Diamanten

Es war einer jener Abende, an denen ich mich eigentlich am liebsten in mein Bett verzogen hätte: Decke über den Kopf und Ruhe.

Aber es war Theaterabend, und die moralische Verpflichtung meinem Abo und meiner Freundin gegenüber wog schwerer als mein Wunsch nach Ruhe und Entspannung.

Wenn ich ins Theater gehe, dann mit Stil. Nichts ist mir suspekter als die Unsitte, mit Jeans und Sandaletten unser prunkvolles altes Renaissance-Theater zu entweihen. Wennschon, dennschon: Abendgarderobe vom Feinsten – im Rahmen meiner Möglichkeiten, versteht sich.

Die Türglocke. Eine aufgeregte Stimme: »Komm schon, sonst verpassen wir noch den ersten Akt.« Meine Freundin.

Ein letzter wehmütiger Blick in meine gemütliche, einladende Wohnung und ein leises Seufzen: »Na gut.«

Es würde, das schien gewiß, einer dieser typischen Theaterabende werden: Gelangweilt würde ich auf meinem Platz im hinteren Parkett sitzen und krampfhaft bemüht sein, den Dialogen zu folgen.

Wir kamen tatsächlich zu spät. Es war das erste Mal, und meine Freundin konnte endlich einmal mit gutem Grund ein langes Donnerwetter wegen meiner Unpünktlichkeit loslassen.

Wir wollten uns gerade so leise wie eben möglich durch den Hintereingang hineinschleichen, als uns die Platzanweiserin aufhielt. »Ihre Karten bitte, meine verehrten Damen.«

Sie betrachtete sie lange, skeptisch, dann erhellte sich ihr Gesicht. »Aber hier sind Sie ganz falsch, meine Damen. Oben auf der Empore ist die mittlere Loge für Sie reserviert.«

Fragender Blickwechsel zwischen meiner Freundin und mir. Dann Achselzucken. »Sicher eine Verwechslung«, sagte meine Freundin standhaft. »Wir haben Abonnementskarten. Parkett, siebenundzwanzigste Reihe.«

»Eine Verwechslung ist nicht möglich«, erklärte uns die Dame eifrig. Solch ein gravierender Irrtum sei ihr in ihrer langjährigen Tätigkeit schließlich noch nie unterlaufen. »Also, wenn ich Sie zur Loge begleiten darf, meine sehr verehrten Damen...«

Wir ergaben uns achselzuckend, aber bereitwillig in unser gnädiges Schicksal.

Der gute Logenplatz entschädigte uns wenigstens teilweise für das Stück, das an diesem Abend gespielt wurde. Es war noch langweiliger als befürchtet.

Um so interessanter war der Blick von unserem unverdienten Ehrenplatz auf die ordinären Theaterbesucher unter uns. Genervte, tapfer gegen den Schlaf ankämpfende, vereinzelt aber auch hochinteressierte Gesichter, glatte und gelockte Köpfe, echte Zöpfe und falsche Perücken und eine schillernde Palette mehr oder weniger geschmackvoller Abendkleider.

Fasziniert verlor ich mich in der Betrachtung des Publikums, bis mich unvermittelt ein Räuspern aufschreckte. Ich wandte mich zu meiner Freundin um – doch deren Platz war leer. Irritiert blickte ich in der Loge umher und bemerkte plötzlich einen schwarzgekleideten Mann, der hinter mir stand und mich betrachtete.

Ich studierte sein vollkommenes, ebenmäßiges Gesicht, das

trotz oder vielleicht gerade wegen seines kahlen Schädels schön war. Mit einemmal sah ich in diesem schönen Gesicht anstelle der Augen zwei schwarze Diamanten funkeln. Diese pechschwarzen Kristalle ohne Pupillen, welche die gesamte Augenhöhle ausfüllten, strahlten mit einem solchen Glanz, daß man nicht hineinschauen konnte, ohne einen Schmerz zu verspüren, so als würde man in eine unbekannte Sonne blikken.

Ich hatte Mühe, einen Schrei zu unterdrücken, so sehr erfüllte mich dieser Anblick mit Schrecken.

Der Mann trat auf mich zu und befahl mir, vor ihm niederzuknien. Offenbar zeigte ich mich nicht demütig genug, denn er packte mich an den Haaren und zwang mich, bewegungslos vor ihm zu verharren.

Obwohl ich die Augen geschlossen hielt, sah ich ständig dieses leichenhafte Gesicht vor mir, dessen Augenhöhlen von schwarzen Diamanten ausgefüllt waren.

Der Mann ergriff meinen Arm, zog mich hoch und führte mich aus dem Theater hinaus und in ein älteres Haus in der Nähe.

Ich hatte alles vergessen – meine Freundin, das Theater, die Welt und mich selbst.

Er öffnete eine Tür im ersten Stock des Hauses und stieß mich in einen hellerleuchteten Raum. Dort trat er auf mich zu, riß mir mein Abendkleid vom Leib und stieß mich durch das Zimmer zur gegenüberliegenden Wand, wo er meine Hände an einem in die Mauer eingelassenen Ring befestigte. Ich stöhnte vor Angst und Entsetzen. Ich fürchtete diesen übernatürlichen Anblick ebenso wie das, was sich ankündigte.

Der erste Peitschenhieb traf meine Brüste mit voller Kraft, und ich wand mich vor Schmerz. Weitere Hiebe folgten. Ich bäumte mich auf und gab meinen Leib unfreiwillig den heftiger werdenden Schlägen immer mehr preis.

Bald kam der Moment, da der Schmerz mich empfindungslos machte. Ich litt nicht mehr, Hitze breitete sich in mir aus. Ich drängte mich selbst den Schlägen entgegen und sehnte sie herbei. Ich leistete Widerstand, flehte meinen Peiniger an, daß er aufhören möge – und wünschte mir doch inständig, daß er noch fester zuschlagen möge.

Ich hörte den Mann lachen und spürte seine Hände auf meinen wunden Hinterbacken. Er drückte sie auseinander – und dann riß er mich auf. Ein ungeheurer Schmerz durchdrang meinen Körper.

Der Schmerz aber steigerte noch meine Wonnen – so lange, bis mich Lust und Schmerz in eine sanfte Ohnmacht gleiten ließen.

Als ich wieder erwachte, lag ich in meinem Bett. Die Vertrautheit meiner Wohnung erschreckte mich mehr als die Erinnerung an das, was geschehen war, und der Schmerz, den ich spürte.

An meinem Bett saß meine Freundin mit besorgter Miene. Über der Stuhllehne lag mein schwarzes Abendkleid. Ich widerstand dem drängenden Wunsch nachzusehen, ob das Kleid zerrissen war.

»Was ist denn geschehen?« fragte meine Freundin. »Plötzlich bist du umgefallen. Du bist wirklich überarbeitet.«

»Ja, sicher«, stimmte ich ihr zu.

»Ruh dich aus«, sagte sie sanft, beugte sich über mich und sah mich an – lächelnd.

Und ich versank in dem Glitzern der schwarzen Diamanten, die anstelle der Pupillen tief in den Augenhöhlen lagen.

Das Opferfest

Das Mädchen wehrt sich, schreit, schlägt mit den Armen wild um sich.

»Sei ruhig, Kind«, weist sie mit sanfter Stimme eine alte Frau zurecht. »Wenn die hohen Herren es beschlossen haben, kannst du es nicht verhindern.«

»Nein«, schreit das Mädchen mit vor Entsetzen weit aufgerissenen Augen. »Ich will nicht geopfert werden! Nicht für Menschen, nicht für die Natur und auch nicht für die Götter der Lüste und der Fruchtbarkeit. Nein! Warum gerade ich?«

»Dir wird die größte Ehre zuteil, du törichtes Ding«, zetert die Alte. »Jede andere wäre stolz. Und nun laß dich herrichten!«

Von den alten Weibern der Sippe, die sich hier um sie versammelt haben, wird das Mädchen kritisch gemustert. Ihre kleinen, hochragenden Brüste werden mit abschätzendem Blick in den Händen gewogen. Das Schamhaar wird gekämmt. Die Älteste reibt den jungen Körper mit einer süßlich duftenden Essenz ein. »Unser Opfer ist wunderschön«, flüstert sie den anderen Weibern zu. Und an das Mädchen gewandt, kichert sie verschwörerisch: »Die Götter werden zufrieden sein. Wir brauchen Nachkommen. So viele Krieger sind gefallen, du verstehst?«

Nein, das Mädchen versteht nicht. Sie will nicht verstehen,

will nicht begreifen, daß sie geopfert werden soll – daß sie ihre Unschuld opfern soll, ihre Aussicht auf ein glückliches Leben als die Frau eines Mannes, als Mutter. Denn dieses wird ihr für immer verwehrt sein: Ein der Gottheit geweihter Körper darf niemals wieder von einem Sterblichen berührt werden.

Das Opferfest für die Götter der Fruchtbarkeit wird jedes Jahr gefeiert, noch vor dem Erntefest. Und in jedem Jahr wählt der Rat der weisen Herren des Stammes unter Hunderten von Stammestöchtern das schönste aller Mädchen aus, um es den Göttern zu opfern.

Nicht das Leben dieses Mädchens wird gegeben, sondern nur ihr Leib, ihre Unschuld. Drei Tage und drei Nächte lang wird sie auf einem Berg oberhalb des Dorfes den Göttern dargeboten. Der Berg, umgeben von einem Wassergraben voller Schlingpflanzen und Krokodile, ragt hoch in den Himmel – bis nahe zu den Göttern, heißt es. Jeder zeugungsfähige Mann des Stammes, dem es gelingt, den Berg zu erklimmen, gilt als Vollstrecker des Wunsches der Götter. Er darf das Opfer in deren Namen annehmen.

In manchem Jahr hat es kein einziger Mann geschafft, den Gipfel des Berges zu erreichen. Manchmal schafften es zwei oder drei Männer, manchmal viele mehr.

Die junge Frau hält die Hände vor ihren nackten Schoß – ein letzter hilfloser Versuch, sich ihrer Bestimmung zu verweigern. Dann wird sie von den Alten zum Festplatz hinausgeführt. Ein Trommelwirbel setzt ein, wirrer Gesang ertönt. Brennende Fackeln säumen den Platz und den Pfad hinauf zum Berg. Ein schwerer Duft liegt über der Festgemeinde.

Dann verstummen die Trommeln, der Gesang bricht ab, und das schöne Opfer wird vor den Rat der Weisen gebracht. Der Älteste betrachtet ihren bloßen Körper zufrieden, legt ihr eine Kette aus Blüten um den Hals und spricht: »O Ihr Götter, Ihr mächtigen Herrscher über die Lüste und die

Fruchtbarkeit! Schenkt unserem Volk das Leben und die Zukunft. Nehmt als Zeichen unserer Demut dieses Opfer hier, unsere schönste Stammestochter, mit der Bitte um Gnade und Erfüllung unseres sehnlichsten Wunsches. Sie gehört Euch.«

Ekstatisches Geschrei ertönt, die Trommeln setzen wieder ein, die Menge tanzt. Die weisen Herren des Stammes fassen das Mädchen an den Armen und führen sie den erleuchteten Weg zum Hügel hinauf.

Als sie bei dem todbringenden Graben angekommen sind, bleiben die Weisen zurück. Nur der Älteste darf das Mädchen über die Brücke begleiten, die nur für diesen Gang über den Graben gespannt wurde und zerstört wird, sobald der Älteste zurückgekehrt sein wird.

Dann, viel zu schnell, sind sie bei der Opferstätte angekommen. »Es ist soweit«, sagt der Älteste. »Du weißt, daß es eine große Ehre ist.«

»Ja«, sagt die junge Frau, den Blick gesenkt, Trauer und Angst in den Augen. Ihr ist kalt. Ein zaghafter Blick auf das Gerüst vor ihr läßt sie erschaudern: In den steinigen Grund sind fünf Eisenpfähle versenkt, die mit schweren Ketten versehen sind. Sie möchte fliehen und weiß doch, wie aussichtslos jeder Fluchtversuch wäre. Sie kann sich nur ihrem Schicksal ergeben.

Der weise Herr ergreift die zitternde Gestalt und drückt sie auf den steinigen Boden. Die Arme und Beine des Mädchens werden an die Pfähle gekettet. Dann wird ihr eine Halsmanschette umgelegt, die mit der schwersten Kette am fünften Pfahl befestigt wird.

Der Alte beugt sich ein letztes Mal über das Mädchen, streicht ihr flüchtig eine Locke aus dem blassen Gesicht und streift ihr dann eine Kapuze aus dunklem schwerem Stoff über den Kopf. Die Geopferte darf die Vollstrecker der Götter nicht erkennen, so will es das Gesetz.

Dann ist das Mädchen allein – allein mit der Stille, allein mit ihrer Angst. Auf dem felsigen Grund reibt sie sich den Rücken wund, ein kalter Wind streicht über ihre Brüste.

Plötzlich hört sie von weither Männergesang, der langsam näher kommt. Die Vollstrecker der Götter, die Retter der Fruchtbarkeit – so schnell?

Sie möchte die Beine zusammenpressen, ihre Unschuld schützen. Doch jeder Versuch, sich zu bewegen, läßt sie die Ketten an ihren Knöcheln und Handgelenken nur noch schmerzhafter spüren.

Sie gibt auf, wartet. Wartet auf den ersten Retter ihres Volkes, auf ihren ersten Mann.

Sie ist hilflos ausgeliefert, aber auch voller Erwartung. Ein leiser Anflug von Stolz liegt auf ihrem Gesicht.

Der Rohrstock

Da steht er in der Ecke – schmal, dünn, nicht mal einen Meter lang.

Lächerlich, wenn man ihn objektiv betrachtet; aufregend, bedrohlich, wenn man ihn so betrachtet wie ich gerade – die Augen noch nicht ganz geöffnet nach einer viel zu kurzen Nacht.

Er starrt mich an, knorpelig, vergilbt, an den Schrank gelehnt.

Kurz nach dem Erwachen kommt das Erstaunen: Wieso steht er da? Seit wann steht er da? Er, der Rohrstock – Verheißung und Bedrohung zugleich.

Denn er steht nie einfach nur so da. Wie beispielsweise die Bodenvase dort links neben dem Schrank. Er steht da als Zeichen, als Symbol, als Warnung. Aber als Warnung wovor?

Im Geist lasse ich die letzten Stunden des vergangenen Tages Revue passieren, so gut es mir eben möglich ist zu dieser frühen Stunde, mit rasenden Kopfschmerzen, verschwitzt in viel zu viele Kissen vergraben.

Langsam kommt die Erinnerung: Richtig, gestern ist mein Geburtstag gewesen. In dem vornehmen Hotel am Stadtrand aßen wir zu Abend – nicht etwa, weil es mir dort besonders gefallen hätte, sondern weil seine Eltern es so gewünscht hatten. *Seine Eltern* – das sind meine Schwiegereltern. Denn verheiratet bin ich auch, wird mir bewußt.

O mein Gott! Siedendheiß fällt mir ein, wie der Abend verlaufen ist, und die Schamröte fährt mir ins Gesicht: Seine Mutter – meine Schwiegermutter – hatte darauf bestanden, neben mir zu sitzen, wohl um allen Gerüchten Einhalt zu gebieten und freundliche Harmonie zu demonstrieren, wo in Wahrheit Neid und Eifersucht regierten.

Aber dann kam Regine, meine heißgeliebte Freundin aus Kindertagen. Es war nach vier Jahren unser erstes Wiedersehen, und jede Schwiegermutter und alles verwandtschaftliche Ansehen waren mir plötzlich egal. Schließlich war es *mein* Geburtstag – auch wenn Frau Schwiegermutter ihn bezahlte.

Ich setzte mich also neben Regine, wir erzählten, tranken, lachten gemeinsam. Ein toller Abend – wenn man von den mehr als deutlichen Blicken der bewußten Dame absieht. Doch halt – noch ein anderer Gast signalisierte unübersehbar, wie sehr er mein Verhalten mißbilligte – ihr Sohn, mein Mann: Bernd. Er sprach den restlichen Abend über kein Wort mehr mit mir. Und viel zu früh trat er zu mir und verkündete: »Wir gehen!« – mitten in einem angeregten Geplauder zwischen Regine und mir.

Und dann – was war dann geschehen? Ich versuche krampfhaft, mich zu erinnern. O nein! Jetzt weiß ich es wieder: Ich weigerte mich. Vielleicht wollte ich mir einfach vor Regine keine Blöße geben.

Und Bernd war gegangen. Ganz ruhig. Nur einen Satz sagte er noch: »Wir unterhalten uns dann morgen.« Beinahe zärtlich sagte er diesen Satz.

Bernd klingt immer zärtlich, wenn er richtig wütend ist.

»Morgen« – das ist heute! Schnell schließe ich die Augen wieder. Zeit schinden. Es ist Nacht, ich bin noch gar nicht aufgewacht.

Vielleicht beruhigt er sich, verzeiht meinen Ausfall, die Blamage. Er muß doch verstehen...

Nein, er versteht nicht, meine Liebe, flüstert mir meine innere Stimme gehässig zu. Öffne die Augen, dann wirst du es begreifen!

Der Rohrstock. Es war also kein Traum. Die Bedeutung dieses an und für sich so lächerlichen Gegenstandes dort in der Ecke ist nun offenkundig. Selbst ich muß sie begreifen, heute, an diesem Morgen nach meinem Geburtstag.

Ich sollte ihn einfach zerbrechen, überlege ich. Oder soll ich durchs Fenster fliehen? Aber was dann?

Verkrampft lausche ich in die Stille des Hauses. Noch rührt sich nichts. Natürlich hat er in seinem Arbeitszimmer geschlafen in dieser Nacht. Schon das ist ein untrügliches Zeichen seiner Verärgerung, ist schon das Teil der Strafe: Liebesentzug, Entzug seiner Nähe. Die Hauptstrafe indes würde noch folgen. Mit Hilfe dieses lächerlichen Holzstabes dort drüben.

Wenn ich aber mit Bernd rede? Ihm alles erkläre? Wenn ich bettle, flehe? Vielleicht läßt er sich erweichen. Heute, nur dieses eine Mal...

Illusionen.

»Ich gebe dir alles und fordere nichts. Nur eines erwarte ich von dir: absoluten Gehorsam.« Das waren Bernds Worte gewesen. Vor vier Jahren, an unserem Hochzeitstag.

»Ja. Ja!« hatte ich gejubelt und ihn geliebt für seine Forderung. Denn nichts anderes hatte ich mir immer gewünscht: ein Leben im Luxus, ohne Pflichten und Sorgen – und dafür dem Mann Gehorsam leisten, der mir dies alles ermöglicht. Gibt es eine wundervollere Art zu leben?

Für mich nicht. Ich hatte nie das Bedürfnis gehabt, irgend jemandem zu beweisen, wie gut ich mich selbst versorgen kann. Ich lasse mich lieber versorgen und beweise, wie gut ich das genießen kann.

Zufrieden rekle ich mich in unserem riesigen Doppelbett – bis mein Blick auf *ihn* fällt: den dünnen gelben Rohrstock dort drüben.

Wie oft wird Bernd mich schlagen? Zehnmal, zwanzigmal, dreißigmal...?

Mir wird heiß und kalt bei der Vorstellung.

Läßt er mich auf dem Bett liegen, oder werde ich knien müssen? Muß ich mich ausziehen, oder wird er mir ein paar schützende Kleidungsstücke lassen?

Und danach – nach der Züchtigung? Wird er mich begehren, mich lieben? Gleich danach, hier auf dem Bett, der Strafstätte?

Wann er wohl kommen wird? Ob ich noch kurz ins Bad husche, mich dusche, mich parfümiere und vor allen Dingen ein Aspirin für den Kopf nehme? Aber wenn er mich hantieren hört, kommt er gleich.

Die kühlende Seidenwäsche umhüllt schützend meinen zitternden Körper. Und doch ist es eine Qual, hier zu liegen, mit schmerzendem Kopf und klopfendem Herzen warten zu müssen, das Instrument der zu erwartenden Züchtigung ständig vor Augen.

Nichts anderes hat er wohl bezweckt. Dies wird mir klar, als sich die Minuten zu Stunden dehnen und Erregung längst nicht mehr von Angst zu trennen ist.

So liege ich Stunde um Stunde in banger Erwartung.

Erst gegen Abend höre ich Türen schlagen und Schritte entschlossen näher kommen.

Endlich hat das Warten ein Ende...

Stufe fünf

Es ist rabenschwarze Nacht. Ketten klirren aus der Ferne. Langsam kommt das Geräusch näher. Mein Herz pocht wild, mein Atem geht schneller.

Seit einer Ewigkeit liege ich hier, an einem unbekannten Ort, gefesselt auf einem harten Lager, in endloser Dunkelheit zum Warten verurteilt.

Gestern haben sie mich hierhergebracht. Oder war es vorgestern? Die Dunkelheit verwischt die Grenzen zwischen Tag und Nacht. Und wer wartet, kennt kein Zeitgefühl.

Fünf Männer sind es gewesen, alle von gleicher Größe und Statur, nicht voneinander zu unterscheiden in ihren langen schwarzen Gewändern und mit ihren schwarzen Kapuzen, die ihre Gesichter unkenntlich machten. Ihre Stimmen sind monoton gewesen – und schneidend wie Peitschenhiebe.

»Mitkommen!« befahlen sie, hielten mich fest und schleppten mich zu einer schwarzen Limousine, die am Straßenrand gewartet hatte.

Mein Versuch, mich zu wehren, war lächerlich. So jedenfalls müssen sie es empfunden haben. Mit wenigen geübten Handgriffen banden sie mir Füße und Hände, legten mir dann ein Lederband um den Hals, an dem das Ende der Fußkette befestigt wurde, und schoben mir einen Knebel in den Mund.

Und damit war ich gebändigt, hilflos ausgeliefert.

Irgendwann hielt der Wagen. Die Türen wurden geöffnet, und ich wurde hinausgestoßen. Jemand zog mich, die ich durch die Fesseln gezwungen war, auf allen vieren zu kriechen, unbarmherzig hinter sich her. Dem Kiesboden folgte Steinboden, dann kalter Marmor. Es ging eine Treppe hinunter, kurz danach quietschten Eisentüren. Mir wurde kalt.

»Raum zwei«, verkündete eine gefühllose Stimme. Ich hörte ein Schlüsselbund klirren, dann wieder eine quietschende Eisentür.

Der Boden war jetzt uneben, rauh, beinahe felsig und riß meine Knie und Hände auf. Der Raum, in den ich kriechen mußte, war kalt und von feuchter Nässe durchzogen. Im trüben Dunkel war nichts zu erkennen.

Angst überfiel mich – die entsetzliche Angst, hier in diesem dunklen, kalten Verlies allein zurückbleiben zu müssen.

»Auf das Lager!« befahl eine Stimme. Hände ergriffen mich, rissen mich unsanft empor.

Und dann lag ich auf einer rauhen Unterlage, immer noch durch die Kette, die meinen Hals und meine Füße verband, zur Bewegungslosigkeit verdammt. Nicht einmal um Gnade zu betteln war mir vergönnt, da der Knebel meinen Mund verschloß.

Eine Hand preßte meinen Kopf hart auf das Lager, eine andere schob mein Kleid nach oben und streifte meinen Slip hinunter. Eine Stimme sagte: »Eine Einheit genügt.«

Ich spürte, wie die Spitze einer Injektionsnadel in meinen Oberschenkel eindrang. Panik überfiel mich. Dann wurde es dunkel um mich.

Als ich wieder zu mir kam, lag ich noch immer hier, in rabenschwarzer Dunkelheit, völlig nackt, angekettet, hilflos. Warten, endloses angstvolles Warten. Und immer wieder dieselbe bange Frage: Was werden sie mit dir tun?

Doch bevor ich dazu komme, mir auszumalen, was diese

Männer wohl mit mir vorhaben, höre ich das Klirren der Ketten. Leise erst, dann lauter, näher...

Geräuschvoll öffnet sich die Tür. Vermummte Gestalten treten in den Raum ein. In dem fahlen Licht kann ich nicht erkennen, wie viele es sind.

Vier Hände befreien meine Arme und Beine von den Ketten und zerren mich hoch.

Diesmal darf ich aufrecht gehen, nur die Hände werden auf den Rücken gebunden. Unzählige Treppen steigen wir hinauf, höher, noch höher: Ein dicker Teppichbelag weicht dem kalten Fels unter meinen nackten Füßen.

»Halt!« befiehlt eine Stimme. »Hier auf die Bank!« Unsanft werde ich auf eine harte, kalte Pritsche gestoßen. Hände spreizen meine Beine weit auseinander und befestigen sie. Dasselbe geschieht mit meinen Armen. Eine schwere Kette wird um meinen Hals gelegt und zwingt mich, den Kopf unten zu halten.

So liege ich eine Zeitlang da. Dann ertönt ein Gong. Ich höre, wie sich Türen öffnen und harte Schritte sich mir nähern, bis sie direkt neben mir verstummen.

»Ganz nett«, sagt eine männliche Stimme. »Nur der Hintern ist vielleicht ein bißchen dick.« Dann plötzlich die Forderung: »Die Peitsche!«

Mein Atem stockt. Ich möchte schreien: Nein, ich will nicht! Dann trifft mich der erste Hieb. Ein brennender Schmerz gräbt sich in mein Fleisch, mir bleibt die Luft weg. Schon folgt der nächste Schlag, dann noch einer und noch einer – immer quer über meine Hinterbacken. Tränen treten in meine Augen. Sie sind Ausdruck des Schmerzes – doch auch der Scham darüber, daß ich den nächsten Hieb beinahe herbeisehne. Denn längst haben die Schläge in meinem Unterleib ein loderndes Feuer entfacht.

»Genug!« befiehlt eine Stimme. »Jetzt Stufe eins!«

Meine heiß brennenden Hinterbacken werden weit auseinandergezogen, dann wandert etwas Kaltes an meiner Spalte auf und ab, macht halt an der hinteren Öffnung und stößt unbarmherzig hart in meine Gedärme hinein. Ich habe das Gefühl, als würde ich aufgespießt von einem Eiszapfen.

»Stufe zwei.« Wie aus weiter Ferne durchdringt die mir inzwischen vertraute Stimme den Nebel meines Schmerzes. Dann setzt ein surrendes Geräusch ein, und der kalte Eisenstab in meinem Innern beginnt zu rotieren.

Mein ganzer Körper vibriert, es ist nicht auszuhalten. Mein Hintern bewegt sich fast gegen meinen Willen auf und ab, kreist und windet sich, um diesem Strom mechanischer Zuckungen zu entkommen. Wild zerre ich an meinen Ketten. Vergebens. Meine Schreie – halb Schmerz, halb Lust – ersticken im Knebel.

Meine zuckenden Hinterbacken werden aufs neue gepackt und die Beine noch weiter gespreizt.

»Fixieren«, befiehlt eine Stimme laut. Lederriemen werden daraufhin um meine Schenkel geschnallt und festgezerrt.

Allmählich erst begreife ich die letzte Anordnung in ihrer ganzen Bedeutung: Ich kann jetzt nur noch daliegen, nur noch fühlen. Jede Gegenwehr ist unmöglich geworden.

»Den Stock.«

Hiebe, fein wie Nadelstiche, treffen auf die freien Stellen meiner Schenkel, in regelmäßigem Abstand plaziert. Die neuen Schmerzen vermischen sich mit denen in meinen wundgescheuerten Gedärmen. Ich fühle eine Ohnmacht nahen. Wie sehne ich sie herbei, diese Erlösung von meinen Empfindungen und Qualen!

Verschwommen nehme ich wahr, daß ich umgedreht werde und auf dem Rücken zu liegen komme, immer noch den rotierenden Stab tief in mir, die von Striemen gezeichneten Schenkel nun auf das rauhe Lager gepreßt. So werde ich wieder angekettet, wieder mit weit gespreizten Beinen. Und wieder ertönt ein Summen. Ich ahne, was kommen wird.

»Stufe drei.« Ein kleiner Schwingkopf berührt meine Schamlippen, mein Blut beginnt augenblicklich zu pulsieren, ich ringe nach Luft.

»Saugnäpfe«, fordert dieselbe Stimme wie zuvor.

Hände greifen nach meinen Brüsten, kalter Gummi wird über meine Brustwarzen gestülpt.

»Stufe vier.«

Die Saugnäpfe schließen sich um meine Warzen, ziehen und saugen ohne Unterlaß. Der kleine surrende Schwingkopf hat indessen die inneren, so empfindlichen Lippen erreicht, während meine Gedärme noch immer im Rhythmus des vibrierenden Eisenstabes zucken. Jeder Striemen brennt unbarmherzig auf meinen Schenkeln, die Saugnäpfe ziehen, saugen fester und fester, der Schwingkopf surrt über meinen Kitzler. Plötzlich fühle ich Hände an meiner Vulva. Meine Schamlippen werden geteilt, ein dicker Gegenstand wird in meine Vagina eingeführt und tief in meinen Bauch gestoßen.

»Stufe fünf«, höre ich noch und fühle noch mehrere harte Stöße. Dann explodiere ich, zucke, tanze, presse, ergieße mich in einem nicht enden wollenden Strom tiefer Lust.

Diese deine Hände

O verdammt!

Zwischenstopp in Heidelberg. Versehentlich. Ich habe einen falschen Zug erwischt.

Heidelberg. Heidelberg!

Etwas rührt sich in meinem Magen – und nicht nur da. Dabei war ich mir so sicher, daß mir das alles längst egal ist: das mit Heidelberg, das mit dir. Total egal.

Aber Fehlanzeige – alles ist wieder da: das Herzflimmern, dein Lächeln, deine Hände.

Die vor allen Dingen. Auch später, sehr viel später, schon lange nach Heidelberg, waren mir immer noch deine Hände am wichtigsten.

Hände, die ungeheuer sanft sein konnten, sanfter als Watte. So sanft, daß es beinahe schon wieder schmerzhaft war. Kaum auszuhalten ...

Und es waren dieselben Hände, die so hart sein konnten, unbarmherzig, gnadenlos. So hart, daß es fast schon wieder Lust bereitete.

Mit diesen sanften, unbarmherzigen Händen hast du mich auf die Knie gezwungen, meine Hände auf den Rücken gefesselt. Mit diesen Händen hast du mir ins Gesicht geschlagen. Nicht sehr brutal, aber doch so stark, daß mir die Tränen über die erhitzten Wangen liefen.

Mit den Fingern dieser Hände hast du meine Brüste gestreichelt, zärtlich und sanft – und danach mit aller Kraft meine Brustwarzen langgezogen. So lange, bis ich schrie. Und noch länger: bis das Schreien in sanftes Klagen, in ergebenes Wimmern überging.

Dann erst war ich bereit, wirklich bereit – für deine Hände, für die tiefen Empfindungen, die sie mir entlockten, meinem Körper und meiner Seele. Trost und Qual, Lob und Strafe: Alles erhielt ich durch deine Hände.

Die Adern traten auf deinen Händen hervor, wenn sie den Stiel der Peitsche umspannten, mit der du mich dann schlugst. Deine Hände – ein Symbol der Kraft und Härte. Und flaumfederweich strichen sie danach über die Striemen auf meinem Körper. Balsam und Lust.

Es waren dieselben Hände, die mich hielten, wenn ich zu fallen drohte, ins Wanken gebracht von meinen eigenen Verwirrungen, von der Angst, dem Wahn. Hände der Hoffnung, der Liebe.

Und ganz am Ende fielen diese deine Hände, erschöpft und voller Trauer, herunter – nachdem sie mich in einer letzten Kraftanstrengung von dir gewiesen hatten.

Vorbei. Sie werden mich nie mehr quälen, deine Hände, nie mehr liebkosen ...

Nur manchmal sehe ich mich mit dir durch einen dichten, dunklen Wald laufen. Deine Hand hält meine Hand fest. Wir sprechen kein Wort. Es ist Herbst, und mir ist kalt. Wir laufen lange so, schweigend. Und dann bleibst du stehen und blickst mich an. Sehr lange, sehr liebevoll. »Es ist soweit«, sagst du dann. »Du mußt jetzt sterben, Kleines.« Und ich wäre glücklich, wenn sich mir deine Hände langsam um den Hals legten ...

Heidelberg. Der Zug fährt an.

Ich liebe dich. Sei froh und stolz, hast du gesagt. Ich war froh und stolz. Unterwirf dich, hast du gefordert, und ich habe mich unterworfen – dir, deinem Lächeln und deinen Händen, die so sanft und so hart sein konnten.

Heidelberg.

Ein letzter Blick durch das Abteilfenster auf die zurückbleibende Stadt. Wehmut.

Im Palast des Herrschers

Ein Palast im römischen Stil. Riesige Gemächer, Säle und Bäder. Im größten der Gemächer ruht ER, der Gebieter, unser Herr und Meister, dazu berechtigt, von uns verwöhnt zu werden, umsorgt und gepflegt – nur dazu sind wir da.

»Wir«, das sind drei Liebesdienerinnen, nach unserem Können und den Vorlieben unseres Gebieters in einer Rangordnung stehend. Ich selbst bekleide den untersten Rang: Ich darf nur Hilfsdienste verrichten, berühren darf ich IHN nicht...

Am Nachmittag, wenn ER seine Geschäfte beendet hat, beginnt unser Dienst. In raffiniert geschnittenen Kleidern, mit Juwelen geschmückt, das Haar kunstvoll frisiert, begeben wir uns geschlossen in die obere Etage des Palastes, wo SEINE Gemächer liegen.

ER ruht, müde und erschöpft von seinem Tagwerk und dem üppigen Mahl. Wir verneigen uns vor IHM, wobei unsere Rangstellung unseren Platz bestimmt: IHM am nächsten steht Cressida, seine Lieblingsfrau, die jüngste und schönste von uns, perfekt im Liebesspiel. Einen Meter hinter ihr folgt Phigenie, immerhin Zweitgeliebte, etwas älter, lange Zeit die unangefochtene Meisterin in Massagen und Bädern. Noch einen Meter weiter von IHM entfernt schließlich stehe ich.

Ich bin die Älteste, die weniger Schöne und weniger Talentierte und deshalb auf den letzten Rang verwiesen. Und doch bin ich voller Zuneigung und voller Glück, IHM nahe sein zu dürfen, bin ich voller Hoffnung, seine Gunst wiederzuerlangen und eines Tages wieder von IHM beglückt zu werden.

Das ist mir momentan verwehrt. Der Weg zu IHM ist weit, ER ist mir unerreichbar – und doch so nah.

Der Gebieter klatscht in die Hände – das Zeichen, mit unserem Ritual zu beginnen.

Ich erhebe mich, wie es die Bestimmung vorsieht, als erste und begebe mich in den Baderaum. Dort lasse ich Wasser in das runde Becken einlaufen – wobei ich aufmerksam darauf achte, daß es nicht zu heiß und nicht zu kalt ist – und gebe einige Rosenblätter, Nelkenblüten und den Staub des Koriander hinzu, so wie ER es haben will.

Dann tritt ER ein, von Cressida an der Hand geführt.

Sie verbeugt sich tief vor IHM, prüft das Wasser und die Zusätze und beginnt dann, den Gebieter in spielerisch-zärtlichen Bewegungen zu entkleiden. »Bitte, mein Gebieter«, sagt sie sanft und führt IHN an der Hand zum Becken hin.

Phigenie, inzwischen entkleidet, steigt in das Wasser und legt sich mit weit gespreizten Armen und Beinen an den Rand des Beckens.

Der Gebieter läßt sich in ihren Armen nieder, ihr Körper dient IHM als Polster.

Jetzt gesellt sich auch Cressida dazu, nackt, in ihrer vollkommenen Schönheit. Sie hat ein weiches Stück Fell in den Händen. Damit wird sie unseren Herrn reinigen – nur ihr allein kommt diese Aufgabe zu.

Ich lasse mich währenddessen am Außenrand des Beckens nieder. Meine einzige Aufgabe ist es, IHM kühlende Luft zuzufächeln.

Cressida fährt mit dem nassen Fell sanft über SEIN Gesicht, das reglos zwischen Phigenies Brüsten ruht, über den Hals, die kräftigen Arme. In kreisenden Bewegungen streicht sie über SEINE Brust und den Bauch. Dann setzt sie die Reinigung an den Füßen fort, sanft berührt das Fellstück Zehen, Ballen und Fersen des Gebieters, sodann die Waden, die Knie und auch die Schenkel.

Lächelnd legt Cressida das Fell beiseite. Der erste Teil des Bades ist beendet. Nun beginnt der zweite, der wichtigere Teil. »Gestattet mir nun, Euer Heiligstes zu reinigen«, bittet sie den Gebieter.

»Es sei Ihr gestattet«, antwortet ER, immer noch reglos.

Cressida taucht unter, nähert sich mit ihrem Gesicht der Stelle zwischen SEINEN Beinen. Ihre Zunge fährt über die Hodensäcke, die Schamhaare, die Spalte zwischen den Beinen. Einmal kommt sie – beinahe unbemerkt – nach oben, holt Luft, taucht wieder unter. Jetzt ist der Penis des Herrschers an der Reihe. Cressidas Zunge wandert einige Male am Schaft auf und ab und kreist dann um die Eichel. Schließlich nimmt sie des Herrschers Glied ganz in ihren Mund.

Nun regt sich zum erstenmal ein Muskel im Gesicht des Gebieters: das Zeichen für mich, kräftiger Luft zu fächeln; das Zeichen für Phigenie, die Brust des Meisters zu massieren. ER preßt SEINEN Kopf gegen ihre vollen Brüste und schließt die Augen. Dann aber springt ER plötzlich auf – das Zeichen dafür, daß das Bad zu Ende ist.

Cressida hüllt IHN in einen gewärmten Umhang, und Phigenie führt IHN zum Schlafgemach, während ich, den Fächer leise wedelnd, folge.

Im Gemach wird ER auf seine Schlafstatt gebettet. Eine gewärmte Flasche mit duftendem Öl wird gereicht.

»Nun, mein Herrscher, gestattet mir bitte, Euren vollkommenen Leib zu balsamieren«, bittet Cressida, und ER gewährt ihr auch dies.

Mit anmutigen Bewegungen verteilt sie Öl aus der Flasche

auf seinem Körper. Kein Spalt wird vergessen, kein Millimeter Haut bleibt unberührt.

Wohlig regt sich der Gebieter. »Genug!« befiehlt ER. »Setzt nun Eure Bemühungen fort.«

Cressida lächelt – verstehend. Ihr Mund wendet sich seinem Penis zu, ihre Zunge setzt die Liebkosungen fort.

Auch Phigenie ist nun zum Liebesspiel zugelassen. Sie streicht über SEINEN Körper, rollt sich zur Seite und beginnt mit gekonnten Bewegungen SEINEN Hintern zu massieren. Bald spreizt sie SEINE Backen, fährt mit ihren Fingern die Furche auf und ab und verweilt an der Rosette.

Der Gebieter stöhnt, atmet schwerer – für mich das Zeichen, mein Fächeln abermals zu verstärken. ER greift Cressida an den Haaren, zieht sie zu sich und knetet ihre kleinen, festen Brüste.

Sie lächelt glücklich, während Phigenie nun ihren Platz einnehmen und ihr Werk fortsetzen darf.

SEINE Bewegungen werden hart und schneller, schließlich stößt ER Phigenie von sich. »Auf die Knie«, befiehlt ER mit keuchender Stimme Cressida.

Diese weiß, welchen Wunsch ER hat. Wieder lächelt sie, kniet sich mit gespreizten Beinen auf die Kissen, den Kopf weit nach unten gebeugt. Mit hochgerecktem Hinterteil erwartet sie den Penis des Gebieters. Wieder ist sie es, der ER seine Gunst schenkt.

Phigenie führt IHN in Cressidas feuchte Liebeshöhle. Diese kann ein Stöhnen nicht unterdrücken, als der Gebieter sie nun hart zu stoßen beginnt. Phigenie kniet sich unterdessen hinter IHN, streichelt SEINE Lenden, den Hintern und die Beine.

Der Gebieter stößt immer härter, fester und schneller zu. Cressida lächelt noch glücklicher, verklärt. Dann ein kurzer Aufschrei, ein letzter, kraftvoller Stoß in ihren Leib – der Herrscher hat sich entleert.

Zufrieden sinkt ER zurück auf sein Lager. Phigenie wäscht

seinen erhitzten Körper. Ich fächle noch immer Luft, einen neidvollen Blick auf Cressida gerichtet, die an seiner Seite ruhen darf, SEINE Hand in der ihren.

Irgendwann – vielleicht – werde ich dort liegen, an ihrer Stelle, bei IHM ...

Die Telefonnummer

Zögern.

Soll sie es wirklich tun? Oder doch lieber nicht? Aber wenn sie es nicht jetzt gleich, nicht sofort tut, dann ...

Dann wird es zu spät sein. Mit Sicherheit für immer zu spät.

Also: Mit zitternder Hand nimmt sie den Hörer ab. Er liegt schwer in der Hand. Zu schwer. Soll sie ihn wieder auflegen? Es wäre erleichternd – nicht nur für die Hand. Aber ...

Die Nummer kennt sie im Schlaf. Seit langem. Gewählt hat sie sie allerdings nie. Aber jetzt ...

Das Freizeichen. Angstschweiß. Und Sehnsucht.

»Ja?«

Jetzt etwas sagen, irgendwas! Fast unwichtig, was. Hauptsache, daß es jetzt, sofort passiert. Nur nicht die Verbindung abreißen lassen!

»Hallo, du.«

Na also. Zwei Worte, immerhin. Auch wenn sie sie zu hastig, zu zögernd ausgesprochen hat.

Warten.

Ihr Atem und sein Atem, hörbar über ein Netzwerk verzweigter Kabel und Drähte. Scheinbare Nähe.

Aber jetzt muß *er* etwas sagen – bald! Sag was, bitte sag was! Das Warten ist Qual und Lust zugleich. Mit der freien Hand wischt sie den Schweiß ab. Nicht zu schnell atmen! Bitte ...

»Geraldine.«

Ihr Name. Aus seinem Munde. Melodie d'amour, Hoffnung und Scham, Schmerz und Enttäuschung – alles liegt in diesem Namen, in diesem einen Wort.

Schweigen.

Augenblick um Augenblick. Längst hat sie sich ausgestreckt, umklammert den Hörer an ihrem Ohr mit der linken Hand wie ein Symbol der Hoffnung, den berühmten Strohhalm.

Atmen, lauschen, atmen. Ohr an Ohr.

Jedes Wort wäre ein Wort zuviel und doch viel zuwenig in diesem Augenblick. Weiteratmen und lieben – das Atmen am anderen Ende des Kabels.

Lust.

Ihr Kleid ist über die Knie hochgerutscht. Unversehens spreizt sie die Beine, für ihn, der es nicht sehen kann, aber doch spüren – vielleicht... Wird der Atem nicht schneller am anderen Ende der Leitung? Oder ist es ihr eigener?

Die Finger der freien Hand tasten sich in ihr Höschen, streifen es über die Hüften, nicht ganz herunter, sonst müßte sie den Hörer weglegen, wäre seines Atems, seiner Nähe beraubt.

Warme Feuchtigkeit quillt zwischen ihren Beinen, Perlen der Lust – für ihn am anderen Hörer.

Sein Atmen im Ohr. Nun sind es *seine* Finger, die ihre Schamlippen trennen, die Einlaß begehren – und erhalten. Sie biegt ihren Körper ihm entgegen, Bettwäsche raschelt, ein leichtes Stöhnen entschlüpft ihren Lippen. Ob er es hört?

Tiefer und tiefer.

Die Wellen der Lust schlagen in ihr höher und höher. Jetzt nur nicht den Hörer aus der Hand fallen lassen!

Rasende Leidenschaft mit geschlossenen Augen und einer freien Hand. Ihre Fingerkuppen reiben die Erhebung an ihrer Vulva. Immer fester, härter...

Schreie in die Sprechmuschel, spitze, kleine Schreie der Lust.

186

»Du!« Ein einziges Wort, bevor die Wogen über ihr zusammenbrechen, ihre Muskeln sich verkrampfen, ihre Lider flattern.

Plötzlich Ruhe.

Schmerz.

Der Arm mit dem Hörer ist auf das Bett gesunken. Ihr Körper fühlt sich matt an. Ihr Mund ist trocken. Nach Salz schmeckende Tränen laufen ihr übers Gesicht, werden aufgefangen von ihrer Zunge.

Einmal noch seinen Atem hören! »Bist du noch da?«

»Ja.«

Sie schluchzt.

»Wein doch nicht«, sagt er. »Wein doch nicht, es war so schön.«

»Rufst du mal an?« fragt sie.

»Sehr bald«, sagt er. Und dann: »Leb wohl, Geraldine.«

Sie steht auf und kühlt sich das Gesicht mit Wasser.

Später liegt sie wieder auf ihrem Bett und träumt davon, wie es wäre, wenn er ihr gehören würde, nicht nur am Telefonhörer für Minuten, sondern neben ihr liegen würde – jeden Abend und besonders in der Nacht.

Und während sie sich dies alles ausmalt, spürt sie, wie ihre Lust langsam wieder erwacht – und mit ihr die Hoffnung.

Die Frauen

Die Hand

»Neulich abends saß ich im Kino«, schrieb mir ANGELA, eine 35jährige Angestellte. »Es war sehr voll, und so passierte es, daß ich ein paarmal den Arm des Mannes streifte, der neben mir saß. Irgendwie läßt mich seitdem die Phantasie nicht mehr los, er hätte sich die Enge und die Dunkelheit des Saales zunutze gemacht, um sich mir sexuell zu nähern, und wäre danach wortlos verschwunden.«
Angela ist seit zehn Jahren verheiratet. Ihr Intimleben verläuft in festgefügten Bahnen. Nur in ihrer Phantasie erlaubt sie sich ein außergewöhnliches Erlebnis – mit einem Fremden, im Dunkeln, anonym bleibend.

Kira und das alte Strandhaus

»In meinem letzten Urlaub in Spanien hatte ich einen Flirt mit einem sehr leidenschaftlichen Spanier. Er war verheiratet, und so trafen wir uns meistens in einem eingefallenen Haus am Strand. Er ging – anders als meine bisherigen deutschen Freunde – recht grob mit mir um. Seit meinem Urlaub und dem Ende dieser Affäre läßt mich die Vorstellung nicht los, auf noch viel härtere Weise erniedrigt zu werden. Ich kann mir das aber nur in einer außerehelichen Beziehung vorstellen.«
CLAUDIA, 25 Jahre, lebt mit einem liebevollen, zärtlichen Mann zusammen. Sie möchte ihn heiraten und dann Kinder kriegen. Sie fürchtet, von ihrem Mann augenblicklich verlassen zu werden, wenn sie ihm ihre Demutsphantasien gestehen würde.

Die Frau aus dem Hinterhaus

Die erotische Phantasie, die SABINE, 33 Jahre alt, verheiratet, mir erzählte, fand ich – in unterschiedlichen Ausprägungen – auch bei anderen Frauen wieder: die Vorstellung, einer anderen Frau zuzusehen, wenn diese sich selbst befriedigt. Genauso häufig traf ich auf Frauen, die sich in ihrer Phantasie oftmals vorstellen, daß eine fremde Frau oder ein fremder Mann sie (heimlich) bei der Masturbation beobachtet.

Sabine sagte mir, daß sie Schwierigkeiten damit habe, die eigene Lust an der Selbstbefriedigung zu akzeptieren. Und sie könne sich nie vorstellen, daß ihr eigener Mann sie beim Masturbieren beobachte. Sie wuchs in einem recht konservativen Elternhaus auf, in dem das Thema Sexualität tabu war. Die Selbstbefriedigung ist für sie seit Kindesbeinen mit starken Schuldgefühlen belastet.

Heute abend . . .

Die Autorin dieser Zeilen heißt SINA – und bin ich selbst. Viele Frauen, denen ich sie vortrug, identifizierten sich spontan mit dem Bedürfnis, das ich auszudrücken versuchte: mit dem Wunsch nach einer liebevollen Beziehung, die es mir erlaubt, meine Lust an der Unterwerfung auszuleben.

Herrenabend

SVENJA, 27 Jahre, lebt mit ihrem Mann und ihren zwei kleinen Kindern zusammen. Einmal die Woche hat ihr Mann zwei männliche Bekannte zu Gast, mit denen er Skat spielt.

Obwohl sie keiner der fremden Männer erotisch anzieht, malt sie sich immer wieder aus, wie sie nach einer erotischen Darbietung von allen dreien sexuell verwöhnt wird. Eine wichtige Rolle spielt dabei die Vorstellung, daß ihr Mann sehr stolz auf sie wäre.

In der Wirklichkeit fühlt sich Svenja in ihrer Rolle als Hausfrau und Mutter wenig ausgelastet. Es fehlt ihr die Bestätigung als *Frau*. In ihrer Phantasie findet sie diese gleich mehrfach: durch die erregten Zuschauer ihrer Darbietung, durch die drei Liebhaber und durch ihren Mann, der nach dem Liebesakt seine Bewunderung für sie ausdrückt.

Zufällige Berührung

Diese Geschichte hat einen starken Bezug zur Lebensrealität von RENATE, 32 Jahre alt, Referendarin. Tatsächlich fährt sie jeden Abend mit der Straßenbahn nach Hause und begegnet fast regelmäßig diesem Mann, einem Professor.

»Allein die mehr oder weniger zufälligen Berührungen mit ihm in der Straßenbahn lassen mich jedesmal in höchster Geilheit zurück. Ich weiß, daß er ein recht eigenartiger Mensch ist und ich wohl niemals mit ihm zusammenkommen werde.«

Renate wurde im Elternhaus zur altbekannten weiblichen Zurückhaltung erzogen: Die Frau wartet, bis der Mann den ersten Schritt tut. In ihrer Phantasie setzt sie sich über ebendieses Gebot hinweg: Sie lädt den Mann ein, bittet ihn zu sich nach Hause und macht aus ihren Bedürfnissen kein Hehl. Und doch verbietet sie sich noch in ihren Träumen die Erfüllung dieser Bedürfnisse.

Angelique und der Hohe Gebieter

SUSANNE, 42 Jahre, verheiratet und kinderlos, hat mit ihrem Mann erste Stufen einer sadomasochistisch ausgerichteten Sexualität erklommen.

In der Realität eher ängstlich, erfüllt sie sich in der Phantasie Extremes. In ihrer Vorstellung hat sie ihr ganzes Leben der Knechtschaft und der Unterwerfung hingegeben. Wichtig ist ihr dabei die feste und liebevolle Beziehung zu ihrem Herrscher. So wird ihr in der hier abgedruckten Geschichte selbst beim Abschied noch einmal das außerordentliche Maß seiner Liebe bestätigt. Der Wunsch nach vollkommener Unterwerfung und die Suche nach ewiger Liebe verbinden sich zu einer schier übernatürlichen Hingabebereitschaft.

Der Mann von Celine

»Seit mehr als drei Jahren begehre ich den Mann meiner besten Freundin«, schrieb mir die 26jährige SIGNE, eine Dolmetscherin. »Ich schäme mich für mein Verlangen und kann doch nicht dagegen an. Mein schlechtes Gewissen hindert mich wohl auch daran, mir ein Sex-Erlebnis mit ihm in der Gegenwart auszumalen. Aus Scham fliehe ich immer wieder in die Vergangenheit.«

Die historische Distanz entrückt für Signe das Phantasie-Geschehen soweit der Realität, daß sie das schlechte Gewissen, das sie ihrer Freundin gegenüber hegt, weitenteils verdrängen kann. Hinzu kommt, daß in dieser vergangenen Epoche, in der sie die Geschichte ansiedelt, dem Mann gemeinhin die führende Rolle oblag, so daß sie die Verantwortung für das Geschehen ganz von sich weisen kann.

Der Luxus der Unterwerfung

CARLA, 40 Jahre alt, Hausfrau, hat alles, was eine Frau sich an materiellen Gütern wünschen kann. Sie lebt tatsächlich so, wie es in der Geschichte beschrieben wird: im Luxus, ohne Sorgen – aber eben auch ohne Spannung und Leidenschaft. Die Monotonie ihres Lebens läßt sie in ihrer Phantasiewelt das Außergewöhnliche suchen. Das große Haus wird mit einem spartanisch eingerichteten Zimmer vertauscht, der eher gleichgültig liebende Mann wird zum leidenschaftlich dominanten Liebhaber.

Carla könnte sich durchaus vorstellen, tatsächlich eine Zeitlang so zu leben und vor allem zu lieben, wie sie es in ihrer Phantasie tut, ist sich aber sicher, daß ihr Mann diese Form der Sexualität entsetzt ablehnen würde. Da sie selbst aus kleinbürgerlichen Verhältnissen stammt und sich ihrem Mann zum Dank verpflichtet fühlt, kommt ihr ihre Phantasie beinahe wie ein Verrat an dem Wohlstand vor, den er ihr bietet. Sie ist sich deshalb sicher, ihrem Mann niemals etwas von ihren Unterwerfungsphantasien erzählen zu dürfen.

Sehr gelber Raps

Die Fremdheit des Geliebten, die eigene Abenteuerlust und das Entbundensein von alltäglichen Verpflichtungen – diese drei Motive begegnen uns oft in den erotischen Geschichten von Frauen, und offenbar sind sie für ein intensives sexuelles Empfinden von großer Bedeutung.

STEFANIE, 29 Jahre, Fotografin, ist von Berufs wegen so manches Mal mit einem ihr tatsächlich fremden Mann unterwegs. Allerdings hat sie sich bislang noch nie zu einem realen Abenteuer dieser Art hinreißen lassen.

Wichtig ist ihr, daß der Mann – trotz seiner Fremdheit – liebevoll, fürsorglich, verständnisvoll ist. Und doch darf es keine Fortsetzung geben...

Mein Geliebter!

SIMONE führt eine sogenannte Teilzeitehe: Ihr Mann ist oft monatelang im Ausland. In der Zeit der Trennung stellt sie sich immer wieder vor, wie sie ihm bei seiner Rückkehr ein erotisch besonders aufregendes Wiedersehen bereiten kann. Bisher hatte sie allerdings noch nie den Mut, ihre Phantasien in die Tat umzusetzen.

Doch im Gegensatz zu den meisten anderen in diesem Buch vertretenen Frauen *wünscht* sich Simone die Umsetzung ihrer Phantasie in die Wirklichkeit. Aufgrund des temporären sexuellen Verzichts liegt ihr daran, die wenige Zeit, die der Beziehung verbleibt, voll und ganz auszukosten – auch durch ungewöhnliche sexuelle Praktiken.

Im Mittelpunkt ihrer Geschichte steht *seine* Befriedigung: Da sie in der Zeit seiner Abwesenheit oftmals befürchtet, von ihm betrogen zu werden, soll er die Erinnerung an ein sehr befriedigendes und beglückendes Erlebnis mit sich nehmen, wenn er sie wieder verlassen muß.

In der Flüchtigkeit einer Nacht

Viele Frauen werden sexuell stimuliert durch Phantasie-Elemente, wie sie in dieser Geschichte von NORA, 24 Jahre, zu finden sind: ein mysteriöser Fremder, Dunkelheit, eine fremde Umgebung, ein weiträumiges Haus, die allein durch seinen Blick ausgeübte Macht des Mannes – bis hin zur lesbischen Sexualität. Ähnliche Phantasien hörte oder las ich auch von sehr vielen anderen Frauen – wobei ich überrascht feststellte, wie viele Frauen latente homoerotische Neigungen haben.

Lust der Begierde

Die Gewißheit, einen begehrenswerten Körper zu haben – sie bildet den wichtigsten Aspekt in der Erzählung von ULRIKE, einer 36jährigen Lehrerin. Seit ihr Mann, mit dem sie seit fast zwanzig Jahren verheiratet ist, eine jüngere Geliebte hatte, spielt in ihren Phantasien immer wieder die Macht des Körpers eine Rolle. Schon die begehrenden Blicke fremder Männer wirken stimulierend. Doch wie in der Realität, so bleibt sie auch in ihrer Phantasie ihrem Mann treu, indem sie sich letztendlich nur ihm wirklich hingibt.

Auffallend war für mich, daß Ulrike, die äußerlich eher unscheinbar und zudem unsicher wirkt, in ihrer Geschichte mit einem Höchstmaß an körperlichen Reizen und weiblichem Selbstbewußtsein ausgestattet ist.

Warten

In vielen erotischen Phantasien von Frauen spielen durch den Partner einseitig beendete Liebesbeziehungen oder der unerfüllte Wunsch nach sexuellem Kontakt zu einem bestimmten Menschen eine stimulierende Rolle.

MARTINA, 31 Jahre alt, Redakteurin, hat sich bis heute innerlich nicht von einer gescheiterten Liebesbeziehung zu einem gleichaltrigen Mann lösen können. Sein Desinteresse an ihr steigerte ständig den Reiz, den er auf sie ausübt, und ihren Wunsch, ihn doch noch zurückzugewinnen.

In ihrer Phantasie, die sie immer wieder in verschiedenen Variationen durchspielt, glückt es ihr, die Beziehung wiederherzustellen – allerdings ohne die Sicherheit einer festen Verbindung. Denn genau diese würde den merkwürdigen Reiz zerstören, der von seiner Weigerung und seiner Unzuverlässigkeit ausgeht.

An einem Montag im Café

Diese Geschichte fällt durch die Erzählperspektive aus dem Rahmen. »Ich kann und will sie nur aus der Sicht des Mannes erzählen«, schrieb mir CHRISTINE, 34 Jahre, verheiratet, Mutter zweier Kinder.

Woraus dies resultiert, ist offenkundig: Christine genießt es, sich in den Mann hineinzuversetzen, der sie wollüstig betrachtet, sie als Lustobjekt behandelt. Ein wesentliches Element in ihrer Phantasie ist zudem: Sie ist geheimnisvoll, undurchschaubar – und diejenige, die letztendlich das Geschehen lenkt und das kurze Verhältnis beendet. Der Mann, extrem von ihr fasziniert, körperlich hochgradig angezogen, ist ihr auch emotional so stark verfallen, daß er sie wiedersehen möchte.

In der Realität ist Christines Verhalten sehr stark orientiert an den Reaktionen der (vor allem männlichen) Umwelt: Sie möchte schön sein, weil andere sie schön finden sollen; sie ist nett, weil sie geliebt werden möchte; sie gibt sich geheimnisvoll, weil sie so empfunden werden möchte.

Gespräch in der Nacht

LISA, 21 Jahre alt, Berufsziel Stewardeß, befindet sich momentan in der Ausbildung und teilt mit einer Gleichaltrigen ein Zimmer in einem Wohnheim. Zwischen beiden finden so manche Gespräche in der Nacht statt, und ein bevorzugtes Thema sind die Wünsche der beiden jungen Frauen in bezug auf die Männer und ihre Eigenschaften.

In ihrer Phantasie bringt Lisa am Ende einen Wunsch ein, den sie ihrer Mitbewohnerin gegenüber noch nie zugegeben hat: den Wunsch nach einem erotischen Erlebnis mit ihr.

Lisas Eltern trennten sich voneinander, als sie 14 war. Das Mädchen lebte danach sechs Jahre bei ihrem Vater. Lesbische Phantasien hat sie ihrer Erinnerung nach seit der Trennung ihrer Eltern.

Er und Sie

Die 39jährige Ärztin CARMEN setzt mit ihrem Mann viele ihrer masochistischen Phantasien in die Realität um. Er schlägt sie, so wie sie es will, fesselt sie, wann immer sie es will, erniedrigt sie auf die Art, wie sie es wünscht.

In der Fiktion geht Carmen einen Schritt weiter: Sie gibt die Fäden aus der Hand, bestimmt nicht länger das Geschehen und das Maß der Dinge, die ihr zuteil werden. Sie bleibt in Ungewißheit zurück und damit jener Spannung ausgesetzt, die sie in ihrer erotischen Wirklichkeit immer mehr vermißt.

Carmen wuchs in einem katholischen Kinderheim auf, in dem die körperliche Züchtigung zu den wichtigsten Erziehungsmitteln gehörte. Obwohl sie recht bald eine große Distanz zu dieser Art von Erziehung gewann, entwickelte sie als erwachsene Frau eine vitale Sehnsucht nach männlicher Dominierung und eine Lust am Schmerz. Ihrem Mann wagte sie diese Wünsche erst mehrere Jahre nach der Heirat zu gestehen. Obwohl bei ihm keine entsprechenden Ambitionen vorlagen, stellte er sich aus Liebe zu ihr auf ihre masochistischen Bedürfnisse ein.

Das Versprechen eines Fremden

Von TANJA, 25 Jahre, und BARBARA, 30 Jahre, beide verheiratet, erhielt ich diese Geschichte. Auch hier spielen die Motive der Fremdheit, der Spannung, des Abenteuers und der Unverbindlichkeit eine herausragende Rolle. Der Mann ist wie aus einer anderen Welt – und weiß doch um die geheimsten Wünsche der Frau.
Beide Frauen – die eine lange, nach eigenen Angaben nicht sexuell fundierte Freundschaft verbindet – fühlen sich in ihrer Ehe unbefriedigt, wagen es aber nicht, ihre Bedürfnisse außerhalb der Ehe auszuleben.

Dunst über dem Wasser

Seit ihrer Kindheit schon kreisen die erotischen Phantasien von RITA um immer dieselbe Konstellation: Eine dominante Frau beherrscht eine jüngere, schwächere und zwingt sie zu demütigenden Handlungen. Noch spielt Rita in ihrer Phantasie nur die zwar interessierte, aber am Geschehen nicht beteiligte Beobachterin. Doch sie ist gewiß, daß sie eines Tages die schützende Distanz aufgeben und in eine der beiden anderen Rollen schlüpfen wird – wobei sie sich nicht sicher ist, welche Rolle sie erregender fände.
Rita ist 49 Jahre alt, seit dreißig Jahren verheiratet und könnte

sich nie im Leben vorstellen, in der Wirklichkeit etwas zu erleben, das den Vorgängen in ihrer Phantasie auch nur entfernt ähnelte.

Blondes Gift

KATHRIN, 28 Jahre, seit kurzem verheiratet, hat auch in der Realität mit ihrer Eifersucht zu kämpfen. Diese bezieht sich vor allem auf die ehemalige Lebensgefährtin ihres Mannes, ein Traum von Frau mit langem blondem Haar.
In ihrer Phantasie spielt sie einerseits durch, was sie real fürchtet. Andererseits gibt sie sich der geheimen Faszination hin, die ihre Vorgängerin in ihr auslöst.
Kathrins lesbische Wünsche – die sie mir gegenüber nicht eingestand – werden selbst in ihrer Phantasie nur sehr vermittelt manifest: Indem sie das sexuelle Miteinander mit der anderen Frau an ihren Mann koppelt, kann sie jede Verantwortung dafür zurückweisen.

Türen ins Grenzenlose

ANGELA ist eine der wenigen wirklich masochistischen Frauen, die in diesem Buch zu Wort kommen. Sie lebt ihre Lust an der Unterwerfung in der Realität aus, ist aber von einer ständigen Unruhe und der suchthaften Suche nach immer extremeren Erlebnissen getrieben. So läßt sie sich in ihrer erotischen Phantasie durch ungewöhnliche Umgebungen und Situationen stimulieren. Doch auch sie können ihre Sucht letztlich nicht – oder aber nur für einen kurzen Moment – befriedigen.

Angelas Phantasie ist in dieser Hinsicht typisch für eine masochistisch veranlagte Frau: Der Schmerz des Nicht-erreichen-Könnens, die ständige Erneuerung der Unruhe werden zum Stimulans.

Zungen

»Gefesselt und damit wehrlos, gesichterlose Gestalten, Dämmerung, ein Waldweg – und im Mittelpunkt die eigene Lust«, so beschrieb mir die 30jährige IMKA in Kurzform ihre Erzählung.
Sie lebt seit zwei Jahren mit einer älteren Frau zusammen, »relativ glücklich«, wie sie mir erzählte. Sie empfindet die Intimbeziehung zu ihrer Freundin als sehr befriedigend, fühlt sich aber auch zu Männern hingezogen. In ihrer Phantasie löst sie die Ambivalenz dadurch, daß sie die Rollen mit geschlechts- und gesichtslosen Gestalten besetzt.

Schwarze Diamanten

CORINNE, eine freischaffende Künstlerin, erlebt diese Geschichte ein ums andere Mal in ihrer Phantasie, seitdem sie vor gut einem Jahr einen eher unscheinbaren Mann mit Glatze porträtierte. Aus ihr noch heute unerklärlichen Gründen zeichnete sie die Augen des Mannes wie Diamanten. Seither übt die männliche Phantasiegestalt einen ungeheuren Reiz auf sie aus, vermischt sich allerdings zunehmend mit dem Bild ihrer Freundin, die sie ebenfalls sehr begehrt.

Das Opferfest

Seit frühester Kindheit beschäftigt sich SILKE, eine 35jährige Angestellte, mit den Sitten und Gebräuchen fremder Kulturen. Und so handelt auch ihre Erzählung von einem fremdländischen Kult. Als Erwählte, körperlich makellos und doch zur Benutzung freigegeben, geopfert und doch etwas ganz Besonderes darstellend – in dieser Rolle sieht sie sich gern in ihren erotischen Phantasien.

Silke wurde vor einigen Monaten wegen einer zehn Jahre jüngeren Frau von ihrem Mann verlassen und leidet seitdem an mangelndem Selbstbewußtsein: Sie empfindet sich als körperlich unattraktiv. Es ist evident, daß sie in ihrer erotischen Phantasie das Gefühl, von der Umwelt nicht bestätigt zu werden, kompensiert.

Aus Enttäuschung und Angst vor einer neuen Niederlage lehnt sie zur Zeit jede Beziehung zum männlichen Geschlecht ab. So ist sie auch in ihrer Phantasie den Männern entrückt – beinahe nicht mehr menschlich, sehr viel mehr schon den Göttern nah.

Der Rohrstock

Als DANIELA, 22 Jahre, diese Geschichte aufschrieb, lebte sie unter dem Druck, sich zwischen zwei Männern entscheiden zu müssen. Der eine bietet ihr finanzielle Sicherheit und zudem eine Art von Sexualität, die sie seit einiger Zeit als sehr befriedigend erlebt, beschneidet sie allerdings sehr stark in ihrer persönlichen Freiheit. Der andere, ein Freund seit Kindesbeinen, Student, ist zärtlich und in erotischer Hinsicht eher konventionell.

In ihrer Phantasie hat sich Daniela bereits entschieden: So

wichtig ihr die persönliche Freiheit auch ist – sie genießt es, sich ihrem Mann zu unterwerfen, und nimmt sogar die materielle Abhängigkeit von ihm und den weitgehenden Verzicht auf Zärtlichkeit in Kauf.

Stufe fünf

GERLINDE, 42 Jahre, Visagistin beim Theater, geschieden, ein Kind, sucht in ihrer Phantasie das Extreme: maskierte Männer, Ketten, schwarze Nacht, Ausgeliefertsein. Sie lehnt jede Art der Nähe und Bindung ab. Die erotischen Gefühle werden reduziert zum puren körperlichen Empfinden, die Männer degradiert zu Handlangern ohne Persönlichkeit.
In ihrer Geschichte spiegeln sich Enttäuschungen wider, die ihr im realen Leben widerfuhren. Sie, die bei Erlebnissen mit Männern immer sexuell auf der Strecke blieb, träumt davon, zwar Gefangene und Unterdrückte zu sein, jedoch im Mittelpunkt des Geschehens zu stehen: Nichts als die Steigerung *ihrer* Lust spielt eine Rolle.

Diese deine Hände

Noch einmal kommt SINA zu Wort.
Wehmut und Demut liegen eng beieinander. Der Verlustschmerz mündet in die Phantasie, sich dem ehemaligen Geliebten bis zum letzten Grad zu geben, ihm das eigene Leben hinzugeben. Doch es siegt letztendlich das Wissen darum, daß Vergangenes vergangen ist.

Im Palast des Herrschers

Die vielfältigen Romane, Erzählungen und Filme über Herrscher der Antike und ihre Sklavinnen inspirieren auch heute noch viele Frauen.

SONJA träumt davon, eine Sklavin unter vielen zu sein. Einen zusätzlichen Reiz bedeutet ihr der Gedanke, nicht die Lieblingsfrau ihres Gebieters zu sein, sondern eine rangniedrige Dienerin, die besondere Demütigung dadurch erfährt, daß sie ihren geliebten Herrscher nicht einmal berühren darf und zusehen muß, wie er sich von anderen Sklavinnen bedienen läßt.

Sonja, 24 Jahre, ist seit vier Jahren fest liiert und fühlt sich durch die Besitzansprüche ihres Freundes bedrängt. Sie möchte sich am liebsten aus der Beziehung lösen, fürchtet aber die damit einhergehenden Auseinandersetzungen und Schwierigkeiten so sehr, daß sie trotz der unbefriedigenden Situation lieber bleibt.

Ähnlich verhält sie sich in ihrer Geschichte. Doch dort entledigt sie sich des Erwartungsdrucks, indem sie sich durch andere Frauen gleichsam entlasten läßt.

Die Telefonnummer

REBECCA, eine 35jährige Grafikern, war fünf Jahre lang die Geliebte eines verheirateten Mannes.

»Oftmals blieben mir tatsächlich nur die Telefonate. Obwohl ich die Trennung wollte und nach schmerzhaften Monaten eine neue Beziehung eingegangen bin, spielt in meinen erotischen Phantasien der damalige Geliebte noch immer die entscheidende Rolle.«

Distanz und Nähe – Rebecca wollte in ihren Beziehungen zu

Männern immer beides haben. Sie will ihre emotionalen und sexuellen Bedürfnisse befriedigen – und hat doch Angst vor der Bindung. Nur in einer Beziehung zu einem anderweitig gebundenen Mann glaubt sie, diesen ambivalenten Bedürfnissen – in der Phantasie versinnbildlicht durch das Telefon – Rechnung tragen zu können.

Sina-Aline Geißler

LUST AN DER UNTER WERFUNG

Frauen bekennen sich zum Masochismus

Masochismus – Perversion oder nur eine besondere Form zu lieben? Auf freimütige und zugleich sensible Weise beschreibt Sina-Aline Geißler ihre eigenen Erfahrungen: die Lust und das Leid einer Frau, deren größtes Glück es ist, sich sexuell zu unterwerfen.

Moewig 1990, Originalausgabe
208 Seiten, DM 26,–/öS 208,–
ISBN 3-8118-1141-X

MOEWIG